엄지 척 급식도 집밥도 OK!
한상차림

급식도 집밥도 OK!
엄지 척! 한상차림

저자 임광희
펴낸 곳 엣지피앤디
발행인 전상만
편집인 한혜원

발행일 2017년 4월 15일

등록번호 2003년 2월 3일 제 16-2935호
주소 서울특별시 강남구 논현로 118길 20(논현동) 백향빌딩 2층
구입 문의 02-517-1205
편집 문의 02-517-0712
팩스 02-517-2516

기획·진행 뉴트리앤 편집부
디자인 엣지피앤디
사진 원상희, 김영길(Jodan Studio)
인쇄 프린팅프라자

값 15,800원
ISBN 979-11-88250-10-3 13590

홈페이지 www.nutirand.com

엄지 척 급식도 집밥도 OK!

한상차림

균형 잡힌 식단, 다양한 메뉴, 학생들이 최고라고 인정하는 맛까지!

영양 선생님과 학부모에게 급식 비법 강의해 온
임광희 영양사의 식단&레시피 공유 기회

영양 급식 전문 잡지 〈뉴트리앤〉을 5년 넘게 만들면서 정말 많은 영양 선생님을 만났습니다. 영양 선생님은 아침 일찍 재료 검수부터 시작해서, 정해진 시간 안에 많게는 1000명이 넘는 인원의 급식을 위해 고온다습한 조리실에서 땀을 뻘뻘 흘리는 조리원들과 함께 종종걸음 치고, 시끌벅적한 점심시간에 배식이 질서 있게 문제없이 이뤄지도록 관리하며, 퇴식 후 식기 세척 등의 마무리 작업까지 체크해야 하는데, 다른 사람들이 일 년에 두어 번 겪는 명절치레보다 몇 배의 일을 매일 겪어내는 노고에 놀란 적이 많았습니다. 그뿐인가요? 그렇게 만든 식단과 급식은 최대한 많은 사람의 입맛을 만족시켜야 하고, 재료 구입 등을 위해 작성해야 하는 수많은 서류 업무에, 위생과 안전은 노이로제에 걸릴 만큼 철저하고 꼼꼼하게 신경 써야 하죠.

하지만 정말 놀라운 점은 이 모든 업무를 소문이 날 정도로 잘하는 영양 선생님 또한 많다는 것이었습니다. 그런 선생님의 인터뷰와 급식 취재를 〈뉴트리앤〉에 게재한 달에는 저희 잡지가 우리 급식 문화 발전의 선순환에 일조하고 있다는 보람에 가슴이 뿌듯했죠. 임광희 영양사는 바로 그런 선생님 중 한 분이었습니다.

졸업 후에도 못 잊는 급식 맛의 시크릿 노하우

2014년 4월, 삼평중학교 급식을 취재하고 온 담당기자는 "삼평중학교 임광희 영양 선생님은 정말 대박이에요~"라고 말했습니다. 그리고 이후 5월호에 실린 기사에 이렇게 썼습니다.

"지난 4월 9일 찾아간 삼평중학교 급식 시간. 배식대에 준비된 오늘의 메뉴를 보니 눈이 저절로 휘둥그레졌다. 패밀리 레스토랑에서나 볼 수 있는 '빠네 바게트'와 도톰한 '포크커틀릿'이 먹음직스럽게 준비되어 있었던 것. 점심시간을 알리는 종이 울리고 식당에서 오늘의 메뉴를 확인한 아이들이 "와~ 맛있겠다"하는 탄성을 쏟아냈다. 식판에 옥수수밥과 빠네 바게트 위에 브로콜리감자수프, 포크커틀릿과 소스, 오렌지샐러드와 총각김치를 담자 식판이 풍성해졌다."

최근 인스타그램 등을 비롯한 SNS 이용이 활발해지면서 많은 영양 선생님이 풍성하고 맛있어 보이는 급식 사진을 올리며 세간의 관심을 받고 있지만, 당시만 해도 패밀리 레스토랑에서나 볼 수 있는 메뉴가 등장하는 학교급식이라니 놀라지 않을 수 없었죠. 게다가 취재 차 급식을 먹어본 기자의 말에 의하면 대단히 맛있기까지 했다니, 학생들이 다른 학교 친구들과 급식 얘기가 나오면 "우리 학교급식이 최고"라며 "다른 학교 친구들이 항상 부러워한다"고 자랑했다는 말이 충분히 이해되었습니다.

식단과 맛이 모두 훌륭하니 이보다 더 좋을 수는 없었지만, 제가 더 큰 관심을 가지게 된 이유는 또 있습니다. 취재한 날의 메뉴 중 포크커틀릿은 기성 제품이 아니라 조리원들이 직접 만들고, 튀김 조리 대신 오븐에 굽는 방법으로 기름기를 줄인 것이었습니다. 사실 튀김을 오븐에서 조리하면 기름이 적게 들고, 폐유가 거의 나오지 않으며, 칼로리가 낮은 건강한 튀김 요리를 만들 수 있는 장점이 있는 대신 색감과 맛이 만족스럽지 못한 경우가 많거든요. 그런데 임광희 선생님은 커틀릿의 노릇한 색감을 먹음직스럽게 살리기 위해 파프리카 가루(고운 고춧가루)를 빵가루에 혼합하여 넣으셨더군요. 아이들이 싫어하는 채소를 살짝 넣어 그 영양성분을 효과적으로 섭취할 수 있도록 한 것은 일석이조의 아이디어였죠.

학부모, 교직원, 영양 선생님들에게 요리 강의

학생들의 마음을 사로잡은 급식이 입소문난 것은 당연한 일이었습니다. 학생들이 집에 가서 "오늘 학교급식에서 이런 반찬이 나왔는데 너무 맛있었으니 집에서도 만들어달라"는 이야기를 하니 학부모의 관심이 어떻게 높아지지 않을 수 있었겠습니까. 이에 학교에서 학부모 대상 요리 수업을 임광희 선생님에게 제안했고, 선생님은 '학부모님들이 직접 급식 메뉴를 배워보면 아이들이 학교에서 먹는 급식이 얼마나 건강하고 맛있게 만들어지는지 신뢰도가 높아질 것'이라는 생각에 흔쾌히 수락했다고 합니다.

임광희 선생님의 급식은 교직원 사이에서도 단연 인기였죠. 가끔 외근하는 경우에도 가능하면 점심은 학교에서 먹으려고 하신다는 교장 선생님부터, 다른 학교에 순회 근무하는 선생님들도 점심은 꼭 삼평중학교에서 먹으려고 노력하신다니 말입니다. 교직원들에게 "급식이 맛있다"는 메모를 받거나 "오늘 급식 메뉴 레시피가 궁금하다"는 메모를 받는 경우 또한 많았습니다. 결국 마음 맞는 교직원끼리 동아리를 만들어 임광희 선생님의 요리 강습을 신청했고, 한 달에 두 번씩 요리 수업이 진행되기도 했습니다. 또 맛있기로 소문난 삼평중학교의 급식 노하우를 공유하고자 한 달에 한 번씩 만나게 된 주변 학교 영양 선생님들과의 모임을 시작으로, 좀 더 크고 넓은 단위의 영양 선생님들 모임에 강의 요청이 계속 들어와 임광희 선생님은 더욱 바쁘고 보람찬 시간을 보내게 되었습니다.

이제 전국의 영양 선생님, 학부모들과 공유할 차례

이렇게 재능과 열정을 겸비한 영양 선생님을 〈뉴트리앤〉에게 너무도 감사한 취재원이 아닐 수 없습니다. 그래서 〈뉴트리앤〉은 2015년 10월호부터 2016년 9월호까지 1년간 '삼평중학교 임광희 영양사의 맛있는 학교급식 비법'이라는 제목의 칼럼을 진행했습니다. 전국의 영양 선생님과 만나는 〈뉴트리앤〉을 통해 임광희 선생님의 학교급식 노하우를 공유하고자 한 것입니다.

그리고 의미 있는 결과물을 또 하나 만들게 되었습니다. 바로 임광희 선생님과 〈뉴트리앤〉이 함께 만든 〈엄지 척! 한상차림〉 책입니다. 임광희 선생님의 노하우를 가득 담아 학교급식을 비롯한 단체급식 현장에서 요긴하게 사용할 수 있는 4가지 주제에 따른 식단 32개와 해당 메뉴 128가지 레시피를 구성했습니다.

그리고 학생들이 자랑하는 맛있는 급식 메뉴를 가정에서도 쉽게 조리할 수 있도록 단체급식용 레시피뿐만 아니라 가정용 레시피를 함께 구성했습니다. 단체급식을 준비하는 영양 선생님은 물론, 건강하고 맛있는 집밥을 준비하는 가정주부 등 보다 많은 분들과 맛있는 한상차림을 공유하기 위함입니다.

지금은 예쁘고 건강한 아기를 출산하셨지만 한창 촬영을 진행했던 무더운 지난해 여름, 만삭이었음에도 〈뉴트리앤〉 편집부보다 더 에너지가 넘쳤던 임광희 선생님과 그런 아내가 안쓰러워 도우미 역할을 자처했던 남편 김보경 셰프에게 특별히 감사의 말씀을 전합니다.

〈뉴트리앤〉 편집장 한혜원

맛있기로 소문난 학교급식의 주인공 임광희 영양사

"집밥보다 맛있는 급식,
급식처럼 맛있는 집밥을 만들어보세요"

경기도 판교에 위치한 삼평중학교 급식은 다양한 식단은 물론 맛있기로 소문이 자자하다. 이런 삼평중학교 급식을 책임져 온 것이 바로 임광희 영양사(2017년 2월 현재는 육아휴직 중). 학교 영양사 경력만 16년 차인 임광희 선생님은 자주 영양사 연수 프로그램에서 맛있는 학교급식의 노하우를 가르쳐주는 강사로 초대받는 '영양사의 영양사'다. 그런 임광희 선생님이 단체급식을 담당하는 영양 선생님뿐만 아니라 가정에서도 활용할 수 있는 인기 만점 식단을 공개했다. 총 32개의 식단, 128가지 메뉴로 이루어진 〈엄지 척! 한상 차림〉 책에는 조리를 더욱 간편하고 효율적으로 가능케 해줄 오븐 사용 메뉴부터 학생들의 편식이 심한 식재료를 맛있게 먹게 만드는 메뉴까지 각 파트별로 다양한 식단과 메뉴를 담았다.

맛없다며 항의 받던 급식이 맛있다고 소문나기까지

맛있는 학교급식으로 소문이 자자해진 임광희 선생님이지만, 그녀라고 처음부터 맛있는 급식을 선보인 것은 아니었다. 2001년 학교 영양사로 첫발을 내딛은 직후에는 급식이 맛없다는 항의를

받기가 일쑤였다고.

"식품영양학을 전공하고 처음 일한 곳은 사업체였어요. 그런데 그곳에서는 제 업무가 주로 행정 업무여서 제가 기대했던 것과는 달랐죠. 그래서 6개월 만에 퇴사를 하고 학교 영양사로 다시 일을 시작하게 되었습니다. 그렇게 근무를 한 곳은 그 당시 막 개교한 경기도 돌마고등학교예요. 신설 학교이다 보니 이전 영양 선생님의 자료가 있던 것도 아니었고, 처음부터 제가 다 해나가야 했어요."

잘할 수 있다는 자신감과 의욕이 넘친 임광희 선생님은 다양한 메뉴로 식단을 구성해 급식을 제공했고, 학생들의 반응 또한 좋을 것이라고 기대했다. 하지만 이게 웬걸, 기대와는 달리 급식이 맛없다는 항의가 빗발쳤다고.

"그때까지 제가 착각하고 있었더라고요. 제 입에 맞으면 다른 사람도 맛있게 먹을 거라고 생각했는데 그게 아니었던 거죠. 그때부터 매달 요리책을 3권씩 구입해서 열심히 보며 메뉴를 연구하고, 친구들과 맛집에 가서도 '이 음식을 급식에 어떻게 적용할까?' 고민을 계속했어요. 제 장점 중 하나가 한 번 먹어본 맛을

잘 기억하는 것이어서, 맛있게 먹은 음식은 그대로 기억했다가 급식에 적용하기도 했어요."

임광희 선생님의 이러한 노력 덕분인지 급식에 대한 학생들의 반응도 점차 긍정적으로 바뀌어갔다. 이렇게 돌마고등학교에서 첫 영양사 업무를 마친 임광희 선생님은 이후 성남동중학교와 금상초등학교에서 근무했고, 2007년 영양교육대학원에 진학 후 2008년에는 일을 쉬며 대학원에서 식품학, 조리과학 등 이론적인 부분에 대한 공부에 집중했다.

임광희 영양사만의 표준 레시피 완성

대학원에서 재정비를 마친 임광희 선생님은 2009년 삼평중학교에서 근무하기 시작하면서 자신만의 레시피를 만들어 나갔고, 비로소 학생들은 물론 교직원과 학부모로부터 맛있는 급식을 제공하는 영양사로 그 능력을 인정받았다.

"삼평중학교에서 일하면서부터 표준 레시피를 작성하기 시작했어요. 직접 단체급식을 운영해보니 표준 레시피 없는 급식 조리를 조리사에게 의존할 수밖에 없더라고요. 그럴 경우 사정에 의해 조리사가 교체되면 급식의 맛도 변하게 되는 것이죠. 따라서 급식의 맛을 일정하게 유지하기 위해서는 표준 레시피가 필요하다는 생각이 들었고, 삼평중학교에서 급식을 운영하면서 저만의 표준 레시피를 만들었습니다. 표준 레시피와 꾸준한 메뉴 개발을 바탕으로 급식을 운영하다보니 학생들이 가장 먼저 급식이 맛있다고 인정을 해주더라고요."

임광희 선생님이 항상 새로운 메뉴를 개발하기 위해 노력하면서, 또 즐겁게 급식을 준비할 수 있었던 데는 학생들의 뜨거운 호응과 응원의 힘이 컸다. 매달 배부하는 식단표를 모아 책을 만든 학생이 있는가 하면, 졸업 후에 학교급식이 그립다며 찾아오기도 했다. 그녀의 특별한 호기심과 열정으로 탄생한 색다른 메뉴를 급식에 내도 학생들은 낯선 음식에 대한 거부감 없이 "영양 선생님이 개발한 메뉴라면 믿고 먹는다"라는 반응이었다. 그리고 정말로 맛있게 먹었다.

학생들 중 몇몇은 급식에서 먹은 메뉴가 맛있었다며 집에서도 요리해 먹을 수 있도록 레시피를 물어왔고, 그런 학생 수가 점점 늘어나자 학교에서는 임광희 선생님에게 방과후교실의 요리부 운영을 요청했다고.

"학생들이 먼저 레시피를 묻고, 요리부 활동에도 많은 학생이 찾아와서 정말 뿌듯했어요. 또 몇몇 학생은 요리부에서 함께 요리를 하면서 요리 분야로 진로를 정해 요리고등학교로 진학하기도 했고, 또 영양사가 되고 싶다며 식품영양학과에 진학한 학생도 있었어요. 심지어 한 학생은 영양사 실습을 우리 학교로 나오고 싶다며 연락이 와서 너무 반가웠어요. 저를 보면서 영양사 꿈을 키웠다고 하니 제 일에 자부심과 책임감이 더 강해지기도 했죠."

임광희 선생님이 준비한 맛있는 급식이 미친 영향은 학생뿐만이 아니었다.

"하루는 학부모님께서 전화를 해서는 아이가 집에 와서 학교급식이 집밥보다 맛있다고 하더래요. 그래서 배워보고 싶은데 방법이 없겠느냐고 물으시더라고요. 몇몇 학부모님도 급식 레시피에 대한 문의를 해 와서 2013년에는 본격적으로 학부모를 대상으로 한 평생교육 요리교실을 진행했고, 그 다음해에는 교직원을 대상으로 '건강식단연구회'라는 동아리를 운영했어요. 교직원도 집에 돌아가면 아이들의 엄마, 아빠이기 때문에 학교급식에서 맛있는 메뉴가 나오면 레시피를 많이 물어보더라고요. 그리고는 아예 동아리를 만들자고 하셔서 한 달에 한 번씩 급식 메뉴 중 집에서도 쉽게 적용할 수 있는 음식을 함께 만들게 된 거죠. 그때 만든 음식은 동아리 회원 선생님들의 그날 저녁 메뉴로 밥상에 올랐답니다. 하하."

호기심과 도전 정신으로 효율적인 조리법 개발

급식을 할 때마다 차곡차곡 모아놓은 임광희 선생님의 레시피는 무려 1200개. 메뉴 종류도 아주 다양하다. 그중에서도 급식 현장에서 많은 주목을 받은 것이 바로 임광희 선생님의 노하우가 듬뿍 담긴 '오븐을 활용한 다양한 조리법'이다.

"급식 조리에 오븐을 사용하게 된 가장 큰 이유는 조리 인력을 보다 효율적으로 활용하기 위해서였어요. 예를 들어 커틀릿처럼 기름에 튀겨 조리해야 하는 경우 커틀릿이 익을 때까지 조리원이 튀김솥 앞에서 지키고 있어야 하지만, 오븐을 사용하면 커틀릿이 오븐에서 익는 동안 조리원은 다른 일을 할 수 있지요. 또 요리의 모양을 일정하고 먹음직스럽게 완성할 수 있고, 기름 사용량을 줄일 수 있어 경제적입니다. 이 외에도 급식 조리에 오븐을 사용함으로써 발생하는 긍정적 효과가 굉장히 많습니다. 학교급식 현대화 사업을 통해 이제 많은 학교에 오븐이 설치되었는데 적잖은 선생님이 오븐을 여전히 한정적인 용도로만 활용하고 계시더라고요. 하지만 오븐을 사용해 여러 가지 요리를 해보면 금방 익숙해질 뿐만 아니라 단체급식에서 얼마나 활용도가 높은지 알게 될 거예요."

이번 요리책에도 오븐을 활용한 요리 파트를 따로 구성했는데, 여기에는 평소 기름에 튀겨서 조리하는 경우가 많은 오징어튀김과 커틀릿, 치킨 등을 비롯해 잡채, 각종 전, 감자채볶음 등 오븐

유난히 무더웠던 2016년 여름, 만삭의 임광희 선생님은 요리책을 진행하며 에너지가 넘쳤고
촬영을 위해 조리 도우미를 자처한 남편 김보경 셰프의 눈에는 사랑이 넘쳤다.

으로 조리가 가능할까 의문이 드는 요리까지 다양한 메뉴의 오븐 조리법을 소개하고 있다.

학교급식부터 가정의 식탁까지 맛있게 차려지길

이 책은 앞에서 언급한 것처럼 오븐을 활용해 보다 간편하고 맛있게 조리할 수 있는 방법의 레시피를 소개하는 **'오븐을 활용한 스마트 조리법으로 레스토랑 메뉴 만들기'**, 우리 아이들의 편식 대상 1, 2위를 다투는 채소와 생선을 비롯해 기호도가 낮은 식재료를 거부감 없이 먹을 수 있도록 맛과 영양을 모두 담은 메뉴와 식단을 소개하는 **'아이들이 편식하는 재료를 잘 먹게 만드는 특별 솔루션'**, 요리에 사용하는 비용과 시간은 줄이면서도 아이들 입맛을 사로잡는 식단으로 구성한 **'재료비 부담을 낮추고 조리 효율은 높이는 가성비 최고 식단'**, 또 요리 과정에 과학을 접목해 맛은 물론 효율적으로 요리할 수 있는 노하우를 접목한 **'요리에 과학을 더해 맛을 업그레이드 한 시크릿 노하우'** 등 총 4개 파트로 구성했다.

책에 담은 모든 식단은 맛은 물론 식감과 색감의 조화를 이루도록 구성했으며, 조리 방법에 있어서도 보다 간단하고 손쉽게 만들 수 있도록 구성했다.

임광희 선생님은 "이 책은 단체급식을 준비하는 영양 선생님은 물론 가정에서도 충분히 활용할 수 있는 식단과 레시피로 이루어져 있습니다. 영양 선생님에게는 학교급식에 접목할 수 있는 다양한 메뉴, 기존에 익숙한 단체급식 조리 방법 대신 효율적이고 새로운 방식의 조리법에 대해 아이디어를 드릴 수 있을 것이라고 생각합니다. 그리고 가정에서는 아이들이 학교에서 어떤 식단으로 밥을 먹고 좋아하는 메뉴는 무엇인지를 확인할 수 있을 뿐만 아니라, 균형 있는 급식의 영양과 맛을 가정에서도 적용할 수 있도록 가정용 레시피를 함께 구성한 것이 도움이 될 것입니다"라고 밝혔다.

"저는 아이들에게 밥을 먹이는 일은 덕을 쌓는 일이라고 생각해요. 학교에서 급식을 운영하며, 꿈과 희망을 지닌 아이들을 위해 밥을 짓는다는 것이 얼마나 행복한 일인지를 깨달았죠. 이 책을 통해 많은 분들이 사랑과 열정을 갖고 요리를 할 수 있게 되는 계기가 되었으면 좋겠습니다"라고 말하는 임광희 선생님의 눈이 새로운 설렘으로 반짝였다.

임광희 선생님은 현재 또 다른 목표를 가지고 새로운 시도를 하고 있다. 2016년 9월 아기를 출산하며 출산휴가와 육아휴직을 하게 된 것을 계기로 잠시 학교를 쉬면서 식품영양과 관련해 필요한 부분을 더 공부하기 위해 캐나다에서 셰프로 일하는 남편과 함께 캐나다로 유학을 계획하기 위해 떠난 것이다. 그리고 그곳에서 자신이 할 수 있는 일이 무엇인지도 찾아 볼 예정이라고.

우리나라만큼 영양을 고루 갖춘 급식을 제공하지 않는 캐나다의 급식 분야를 꼼꼼히 살펴보는 것은 물론, 여러 나라 사람이 모여 사는 곳인 만큼 그 사람들을 대상으로 맛있는 한식을 선보여 가치를 알리고 싶다는 것이 임광희 선생님의 바람이다. 그리고 최종적으로는 "저만의 스타일로 재해석한 한식을 통해 한식의 세계화에 도움이 되겠다는 꿈을 위해 앞으로도 계속해서 노력할 것"이라고 힘주어 말했다.

CONTENTS

PART 01

오븐을 활용한 스마트 조리법으로
레스토랑 메뉴 만들기

PART 02

아이들이 편식하는 재료를
잘 먹게 만드는 특별 솔루션

PART 03

재료비 부담은 낮추고 조리 효율은 높이는
가성비 최고 식단

PART 04

요리에 과학을 더해 맛을 업그레이드 한
시크릿 노하우

PART 01

오븐을 활용한 스마트 조리법으로
레스토랑 메뉴 만들기

음식 조리 방법은 여러 가지다. 삶거나 찌는 방법, 기름에 튀기거나 팬에 볶는 방법,
많은 재료를 섞어 보글보글 끓이는 방법 등 같은 재료를 가지고 어떻게 조리하느냐에 따라
다른 음식이 완성된다. 최근 가정이나 단체급식에서 주목받는 조리 방법은
과학적이고 효율적인 오븐이다. 과거에 오븐을 피자나 스파게티를 조리할 때,
또는 베이킹을 하는 데 주로 사용했다면 지금은 한식과 양식을 불문한 모든 요리에 적용이
가능할 만큼 대중화되었다. 특히 튀김 요리의 오븐 조리는 대량 조리를 하는 단체급식이나,
집에 배는 기름 냄새와 폐식용유가 마음에 걸려 조리를 꺼리는 가정에서 가장 환영받는 부분이다.
먹음직스러운 노릇한 색깔과 바삭한 식감이 중요한 커틀릿, 치킨 등의 메뉴도
오븐에 적합한 튀김옷을 만들어 조리하면 유명 프랜차이즈 브랜드나 레스토랑에서 맛본
바로 그 모양과 맛을 완벽하게 완성할 수 있다.

오븐 사용으로 간편하게 만드는 명절 음식

모둠산적과 오징어튀김 한상

{
감자깻잎된장국
오징어링튀김 & 파인애플소스
꼬치 없는 모둠산적
브로콜리핫소스무침

각종 재료를 꼬치에 꿰어 달걀옷을 입혀서 부쳐 먹는 산적은 명절에
빼놓을 수 없는 대표 음식이다. 산적은 우리가 '전'이라고 부르는 것과는 조금 다르다.
전은 재료 그대로를 달걀옷을 입혀 번철에 지지는 것이고, 산적은 재료를 꼬치에
꿰어 달걀옷을 입힌 다음 번철에 지지는 것을 말한다. 산적은 재료에 따라 고기를
구운 육산적, 생선살을 굽는 어산적, 버섯·쇠고기·파 등 여러가지 재료를
하나의 꼬치에 꿰어 만든 화양적 등으로 나뉜다. 이중 화양적은 태양꽃 같은
적이라는 의미로, 꼬치에 꿰어 만든 적을 접시에 둥글게 둘러 담는 모양이
마치 태양꽃과 같다고 하여 이름이 붙여졌다.

현재 즐겨 먹는 화양적에는 쇠고기·파·버섯·게맛살 등을 꼬치에 꿰어
만들거나 취향에 따라 햄이나 단무지 등을 넣기도 하는데, 기록에
따르면 원래 화양적은 쇠고기를 주재료로 하고 그 외 낙지, 도라지,
소의 내장 등 사용 재료에 따라 이름이 달라졌다고 전해진다.

이처럼 모양은 물론 다양한 식재료를 한 번에 맛볼 수 있어 인기가
높은 화양적이지만 재료를 각각 손질하고, 양념해 익힌 뒤 꼬치에
꿰어 한 번 더 구워야 하는 복잡한 조리법 때문에 평소에 만들어
먹기에는 어려운 점이 있다. 하지만 오븐을 활용하면 복잡한 과정 없이
간단하게 화양적을 만들 수 있다. 오븐용 팬에 각 재료를 일렬로 나란히
길게 놓은 후 그 위에 달걀물을 골고루 뿌려 오븐에 구운 다음 모양에 맞게
자르면 재료를 일일이 꼬치에 꿰지 않고도 간편하게 화양적을 완성할 수 있다.

감자깻잎된장국

단체급식용 / 10인량

재료

감자 (간 것) 30g, 국멸치 2.0g, 건새우 3.0g,
대파 (간 것) 2.6g, 깻잎 2.5g, 홍고추 0.5g, 된장 7.5g,
다진 마늘 0.4g, 소금 0.2g

가정용 / 4인분

재료

감자 1개, 멸치 가루 1큰술, 새우 가루 3큰술,
대파 1/2대, 깻잎 6장, 홍고추 1/2개,
된장 1큰술, 다진 마늘 1큰술, 소금 2작은술, 물 5컵

1 국멸치와 건새우는 믹서에 넣고 곱게 간다.
2 감자는 1cm 두께로 반달 모양으로 절단하고, 깻잎은
   한 장씩 깨끗이 씻어 4등분한다. 홍고추는 0.2cm 두께로
   어슷하게 썰어 씨를 빼고, 대파도 어슷하게 썬다.
3 솥에 물을 붓고 1의 멸치 가루와 새우 가루를 넣고
   한소끔 끓인다.
4 3의 육수에 된장을 풀고, 감자를 넣어 익을 때까지 끓인다.
5 감자가 익으면 홍고추, 대파, 다진 마늘을 넣고 소금으로
   간한 뒤 배식 직전에 깻잎을 넣는다.

Cooking Tip
국멸치와 건새우는
믹서에 곱게 갈아서 사용해야
국물이 깔끔해요.

Cooking Tip

기름 빵가루는 빵가루, 식용유,
고운 고춧가루를 비비면서
혼합해 만들어요.

오징어링튀김 &
파인애플소스

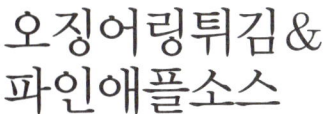

재료

오징어링 60g, 빵가루 15g, 밀가루 13g, 달걀 13g,
고운 고춧가루 0.4g, 식용유 0.9g
소스 : 통조림 파인애플 15g, 오이피클 2.5g,
양파 0.5g, 마요네즈 10g, 사이다 1g, 파인애플 국물 0.4g,
오이피클 국물 0.4g, 설탕 0.5g, 레몬즙 0.3g

가정용 / 4인분

재료

껍질 벗긴 오징어 (몸통만) 1마리분, 빵가루 3컵, 밀가루 2컵,
달걀 4개, 고운 고춧가루 1큰술, 식용유 1컵
소스 : 통조림 파인애플 6큰술, 다진 오이피클 2큰술,
다진 양파 1작은술, 마요네즈 5큰술, 사이다 2큰술,
파인애플 국물 1큰술, 오이피클 국물 1큰술, 설탕 1/2큰술,
레몬즙 1/2큰술

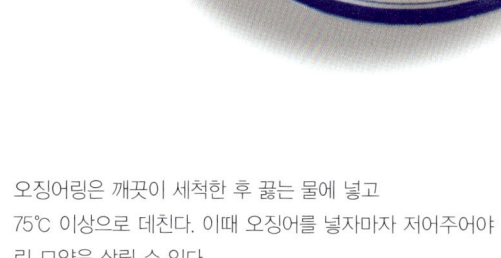

1 오징어링은 깨끗이 세척한 후 끓는 물에 넣고
   75℃ 이상으로 데친다. 이때 오징어를 넣자마자 저어주어야
   링 모양을 살릴 수 있다.
2 데친 오징어는 찬물에 헹궈 물기를 제거한다.
3 빵가루에 식용유, 고춧가루를 넣고 잘 섞어
   기름 빵가루를 만든다.
4 2의 오징어에 밀가루, 달걀물, 3의 기름 빵가루 순으로
   튀김옷을 묻힌 뒤 오븐 코팅팬에 담아 180℃로 예열한
   오븐에 넣고 4분간 조리한다.
5 오이피클과 양파는 잘게 다지고, 파인애플은 2cm 두께로
   절단한 후 분량의 소스 재료를 넣고 잘 섞어
   파인애플 소스를 만든다.

Cooking Tip

기름 바른 코팅팬에
부침가루를 묻힌 재료를 올린 다음
달걀물을 부어요.

꼬치 없는 모둠산적

단체급식용 / 10인량

재료

햄 12g, 게맛살 7g, 단무지 8g, 새송이버섯 5g, 실파 6g,
밀가루 8g, 부침가루 1.5g, 달걀 20g, 식용유 약간

가정용 / 4인분

재료

김밥용 햄 10줄, 게맛살 3줄, 김밥용 단무지 10줄,
새송이버섯 1개, 실파 6줄기, 밀가루 (중력분) 4큰술,
부침가루 1큰술, 달걀 2개, 식용유 약간

1 햄, 게맛살, 단무지, 새송이버섯은 0.8cm 두께로 절단한다.

2 실파는 햄과 같은 길이로 절단한다.

3 밀가루와 부침가루를 혼합한 후 절단한 재료를 넣고
옷을 입힌다.

4 오븐 코팅팬에 식용유를 바른 뒤 간격을 두고 실파를 깐 후
사이사이에 햄, 단무지, 게맛살, 버섯 순으로 코팅 팬에
가득 채운다.

5 달걀을 풀어 4의 재료 위에 붓는다.

6 5를 예열한 오븐에 넣고 건열모드, 160℃에서 10분간
조리한다.

7 완성된 산적은 오븐에서 꺼내 한 김 식힌 후 먹기 좋은
크기로 절단한다.

브로콜리핫소스무침

단체급식용 / 10인량

재료

브로콜리 30g

핫소스 : 고추장 2.5g, 사이다 1.5, 시판 핫소스 1g, 식초 0.3g, 진간장 0.3g, 레몬즙 0.3g, 설탕 0.3g, 참깨 0.1g

가정용 / 4인분

재료

브로콜리 1송이(200g)

핫소스 : 고추장 3큰술, 사이다 2½큰술, 시판 핫소스 1큰술, 식초 1/2큰술, 진간장 1작은술, 레몬즙 1/2큰술, 설탕 1/2큰술, 참깨 1작은술

1 분량의 핫소스 재료를 잘 섞어 용기에 담아 냉장고에 보관한다.

2 브로콜리는 씻고 다듬어 오븐 타공팬에 담은 후 소금을 뿌려 오븐에 넣고 스팀모드로 조리하거나, 100℃에서 4분간(또는 끓는 물에 30~40초) 익힌 후 흐르는 찬물에 식혀 물기를 제거한다.

3 배식 상황에 따라 소스는 따로 배식하거나 브로콜리에 넣고 버무려 배식한다.

Cooking Tip

먹기 좋은 크기로
절단한 브로콜리 송이는
오븐에서 스팀모드로
익혀요.

튀기지 않아도 바삭하고 고소한 튀김옷의 비밀

치킨커틀릿과 중국식가지볶음 한상

{
브로콜리감자수프
호두크런키치킨커틀릿
파인애플요구르트드레싱샐러드
중국식가지볶음
}

뇌를 닮은 모양처럼 머리에 이로운 영양을 듬뿍 갖춘 대표 건뇌 식품 호두.

호두에는 우리 몸에 필요한 좋은 지방인 불포화지방을 포함해 뇌신경을 안정시키는
마그네슘과 칼슘, 두뇌 발달에 도움을 주는 비타민 A 등이 풍부하게 들어 있다.

또 2002년 미국식품의약국(FDA)이 호두를 매일 1.5온스(약 42.5g)씩 섭취하면
심장병을 예방하는 데 도움이 된다는 사실을 승인함으로써 단일 식품으로는 최초로
호두가 심장질환 예방에 효능이 있음을 인정하기도 했다.

이렇게 영양이 듬뿍 들어 있는 호두지만 호두 특유의 씁쓸한 맛과 텁텁한 식감 때문에
학생들로부터 종종 외면을 받기도 한다. 따라서 최근에는 성장기 학생들이 맛있게
먹을 수 있도록 호두를 과자나 빵부터 피자 등 다양한 제품에 사용하면서
그 활용 범위가 점차 넓어지고 있다. 이뿐만 아니다. 호두는 최근 들어 김밥 재료 등
한식에도 활용도가 높은 식품으로 인정받았다.

호두는 통째로 사용해도 좋지만 다져서 사용하면 보다 활용도가 높아진다. 대표적인
것이 커틀릿. 바삭하게 튀긴 커틀릿은 식으면 금세 눅눅해지기 마련. 이때 호두를 다져
튀김옷 재료에 넣고 골고루 섞은 뒤 튀김옷을 입혀 오븐에 구우면 호두 특유의 식감과
고소함이 더해져 식은 후에도 맛있게 먹을 수 있다. 그리고 이때 튀기기보다
오븐에 굽는 것이 좋은 방법이다. 그래야 튀김옷에 콕콕 박힌 호두가 떨어지지 않아
고소하고 바삭한 식감의 커틀릿을 제대로 맛볼 수 있다.

브로콜리감자스프

재료

깐 감자 25g, 브로콜리 4g, 양파 6g, 베이컨 4g,
체더치즈 4g, 휘핑크림 25g, 우유 25g, 모차렐라 치즈 4g,
버터 4g, 소금 0.9g, 크림수프 분말 15g

재료

깐 감자(중간 크기) 1개, 브로콜리(작은 것) 1송이, 양파 1/2개,
베이컨 2줄, 체더치즈 3큰술, 모차렐라 치즈 3큰술,
휘핑크림 300㎖, 우유 300㎖, 버터 1큰술, 소금 1/2큰술,
크림수프 분말 100g, 물 1컵

1. 브로콜리는 송이대로 떼어내 끓는 물에 넣고 살짝 데친 후
   찬물에 헹궈 식힌 다음 잘게 다진다.
2. 감자는 중량의 반은 크게 깍둑썰기하고, 나머지 반은 통으로
   타공팬에 담아 오븐에 넣고 스팀모드로 100℃에서 35분간
   익힌다.
3. 양파는 작은 크기로 깍둑썰기 한다.
4. 베이컨은 팬에 올려 노릇하게 구운 후 기름종이 위에 올려
   기름을 뺀 후 채 썬다.
5. 체더치즈와 모차렐라 치즈는 잘게 잘라 냉장 보관한다.
6. 믹서에 2의 삶은 감자, 휘핑크림, 우유를 넣고 간 후
   고운 체에 한 번 거른다.
7. 국솥에 버터를 두른 후 양파와 2의 깍뚝 썬 감자를
   넣고 볶다가 6과 찬물에 갠 크림수프를 넣고 약한 불에서
   저어가며 끓인다.
8. 마지막에 소금으로 간을 한 뒤 체더치즈와 모차렐라 치즈를
   올려 배식한다.

Cooking Tip

믹서에 삶은 감자, 휘핑크림,
우유를 함께 넣어 갈면 간편하게
수프를 만들 수 있어요.

호두크런키치킨커틀릿

단체급식용 / 10인분

재료
닭가슴살 40g, 밀가루 8g, 달걀 10.44g, 호두 0.9g, 청주 1.3g,
소금 0.6g, 다진 마늘 0.26, 생강즙 0.7g, 후춧가루 0.1g
기름 빵가루 : 빵가루 12g, 식용유 7g, 파프리카 분말 0.7g

가정용 / 4인분

재료
닭가슴살 400g, 밀가루 1컵, 달걀 3개, 다진 호두 2큰술,
청주 3큰술, 소금 1작은술, 다진 마늘 2작은술, 생강즙 1큰술,
후춧가루 약간
기름 빵가루 : 빵가루 3컵, 식용유 1컵,
파프리카 분말 (또는 고운 고춧가루) 1큰술

1 분량의 재료를 골고루 섞어 기름 빵가루를 만든다.
2 호두는 식감이 살아있도록 믹서에 살짝 갈아 1에 혼합한다.
3 닭가슴살은 청주, 소금, 후춧가루, 다진 마늘, 생강즙으로
  염지한다.
4 3에 밀가루, 달걀, 기름 빵가루 순으로 튀김옷을 입힌 후
  코팅팬에 담아 180℃로 예열한 오븐에 넣고 15~20분간
  조리한다.

Cooking Tip
기름 빵가루에 호두크런치를
섞어주면 식감이 훨씬 좋고
고소함이 배가 돼요.

파인애플
요구르트드레싱샐러드

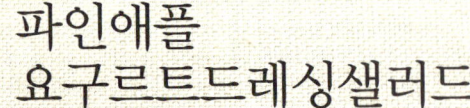

재료
샐러드 채소 20g
드레싱 : 통조림 파인애플 4g, 플레인 요구르트 10g,
양파 0.3g, 설탕 0.8g, 올리고당 1.3g, 레몬즙 0.3g,
사이다 1g, 식초 0.3g, 통조림 파인애플 국물 0.6g

가정용 / 4인분

재료
양배추 1/2통 (300g)
드레싱 : 통조림 파인애플 (다진 것) 3큰술,
플레인 요구르트 6큰술, 다진 양파 1작은술, 설탕 1작은술,
올리고당 1/2큰술, 레몬즙 1/2큰술, 사이다 2큰술,
식초 1/2작은술, 통조림 파인애플 국물 2큰술

Cooking Tip
파인애플은 너무 곱게 다지지 말고
식감을 느낄 수 있을 정도로만
다지는 것이 좋아요.

1 양파와 파인애플은 잘게 다진다.
2 분량의 드레싱 재료를 골고루 섞어 드레싱을 만든다.
3 샐러드 채소에 파인애플요구르트 드레싱을 곁들인다.

중국식가지볶음

단체급식용 / 10인량

재료

가지 18g, 양파 5g, 대파 0.6g, 홍고추 0.2g,
풋고추 0.2g, 식용유 1.3g

양념 : 설탕 0.04g, 참깨 0.3g, 참기름 0.4g,
굴소스 0.7g, 두반장소스 1.7g, 감자전분 0.4g, 물 1g

가정용 / 4인분

재료

가지 2개, 양파 1/2개, 대파 (5cm) 1개, 홍고추 1개,
풋고추 1개, 식용유 4큰술,

양념 : 설탕 1/2큰술, 참깨 1/2큰술, 참기름 1큰술,
굴소스 1½큰술, 두반장소스 2⅓큰술, 감자전분 1큰술,
물 3큰술

Cooking Tip

가지를 식용유에 버무려
조리하면 가지의 색을
살릴 수 있어요.

1 가지는 어슷하게 썰고, 양파는 채 썬다.
대파, 홍고추, 풋고추는 어슷하게 썰고, 고추는 씨를
제거한다.

2 먼저 가지를 식용유로 버무리고 양파, 홍고추,
풋고추, 대파를 식용유에 버무린다.

3 감자 전분은 물에 풀어 설탕, 참기름, 굴소스,
두반장소스, 참깨를 넣고 골고루 섞는다.

4 2에 3의 양념을 넣고 잘 버무린 후
코팅팬에 담아 170℃로 예열한 오븐에
넣고 콤비모드로 10분간 조리한다.

시간이 지나도 면이 붙지 않아 탱글탱글~

해물잡채와
검은깨감자전 한상

{
쇠고기대파된장국
해물잡채
검은깨감자전
고추참치

당면에 채소와 고기를 넣고 양념해 볶은 잡채는 오래전부터 명절은
물론 잔칫날이나 생일상 등에 빠지지 않는 음식 중 하나다. 당면과
채소를 함께 집어 호로록 먹으면 풍성하고 부드럽게 씹히는 맛이
입안 가득하다.
조선시대 요리서인 〈음식디미방〉에 따르면 조선시대에 이미 잡채라는
음식이 있었던 것으로 추측할 수 있는데, 다만 이때의 잡채는 오늘날
우리가 먹는 잡채와는 그 형태가 조금 다르다. 〈음식디미방〉에서는
잡채 조리법으로 채소, 버섯, 나물, 꿩고기 등을 가늘게 손질해 기름과
간장으로 볶은 뒤 즙을 뿌려 먹는 음식이라고 소개하는데, 이는 당면이
주재료로 사용되는 현재의 잡채와는 다른 형태다.
잡채에 당면을 넣어 조리한 것은 당면이 우리나라에 들어온
19세기 말 이후로 추측한다. 방신영이 1921년 지은 〈조선요리제법〉의
잡채 조리법에 당면을 불린다는 내용이 등장하기 때문이다.
잡채는 당면이 들어가면서 더 푸짐해지고 맛도 좋아졌지만,
한편으로는 면이 퍼지면 맛이 떨어진다는 문제점이 생겼다. 따라서
잡채를 만들 때 당면이 붇지 않도록 하는 것이 무엇보다 중요하다.
이를 위해 잡채를 만들 때 끓는 물에 삶은 당면을 건져 찬물에
헹구거나, 면을 삶을 때 식용유를 넣는 등의 수고로움이 필요하다.
하지만 오븐을 사용하면 여러 단계로 이어지는 조리법도, 면이 붇는
문제점도 한 번에 해결할 수 있다.
물에 불린 당면, 채소, 고기, 양념을 오븐용 팬에 넣고 버무린 후
오븐으로 조리하면 맛있는 잡채가 간단하게 완성될 뿐만 아니라,
당면을 끓는 물에 삶지 않았기 때문에 면이 쉽게 붇지 않고 오랜 시간
탱글탱글한 식감을 유지할 수 있다.

쇠고기대파된장국

재료

국멸치 1.67g, 다시마 1.67g, 통생강 0.5g, 대파 13.33g,
얼갈이배추 9.40g, 된장 6.67g, 다진 마늘 1g, 국간장 0.5g,
고춧가루 1g, 참기름 0.5g, 무 10g, 쇠고기(국거리용) 20g,
소금 0.33g

재료

국멸치 10마리, 다시마(10×10cm) 1장, 통생강 1/2톨,
대파 1대, 얼갈이배추 1줌, 된장 4큰술, 다진 마늘 1작은술,
국간장 1작은술, 고춧가루 2작은술, 참기름 2작은술,
무 1토막(120g), 쇠고기(국거리용) 100g, 소금 1/2작은술

1 마른 팬에 국멸치와 다시마를 넣고 볶아 비린내를 제거한다.

2 국솥에 물을 부은 뒤 국멸치, 다시마, 통생강을 넣고
   20분간 끓여 국물을 만든다.

3 대파는 세로로 반을 가른 후 5cm 길이로 썬다.

4 끓는 물에 얼갈이배추와 대파를 넣고 살짝 데친 후 물기를
   뺀 다음 된장, 다진 마늘, 국간장, 고춧가루, 참기름을 넣고
   버무린다.

5 무는 나박썰기 한 후 쇠고기와 함께 2의 국물에 넣고 끓인다.

6 5에 4의 얼갈이배추와 대파를 넣고 푹 끓이다가
   소금으로 간한다.

Cooking Tip

대파를 세로로 반을 갈라
길게 사용하면
요리에 파의 진한 풍미를
더할 수 있어요.

Cooking Tip

당면을 미지근한 물에
1시간 이상 불리면 삶을 필요 없이
조리할 수 있어요.

해물잡채

단체급식통 / 10인량

재료

당면 30g, 새우(껍질 벗긴 것) 10g, 채썬 오징어 25g,
당근 5g, 양파 13g, 부추 2.5g, 참깨 0.05g, 식용유 0.02g

양념 : 설탕 4g, 진간장 6g, 고춧가루 1.5g, 다진 마늘 1g,
다진 생강 0.5g, 청주 0.5g, 참기름 0.8g, 고추기름 2.5g,
후춧가루 0.1g

가정통 / 4인분

재료

당면 180g, 새우살 60g, 오징어 120g, 당근 1/4개,
양파 1/2개, 부추 1/2줌, 참깨 1작은술, 식용유 1큰술

양념 : 설탕 2큰술, 진간장 3큰술, 고춧가루 1큰술,
다진 마늘 1/2큰술, 다진 생강 1작은술, 청주 2작은술,
참기름 1/2큰술, 고추기름 1½큰술, 후춧가루 1/4작은술

1 당면은 미지근한 물에 1시간 이상 불린 후 체에 밭쳐
　물기를 제거한다.

2 새우와 오징어는 손질 후 오븐용 타공팬에 담아 100℃로
　예열한 오븐에 넣고 8분 (또는 끓는 물에 5분) 정도 데친 후
　찬물에 식혀 물기를 제거한다.

3 분량의 재료를 섞어 양념을 만든 후 양념의 1/3을
　2에 넣고 잘 버무린 후 재운다.

4 1의 당면에 식용유를 넣고 버무린 후 3의 채소, 4의 해물,
　남은 양념을 넣고 버무린다.

5 4를 오븐 일반 팬에 담은 후 뚜껑을 덮고 100℃로 예열한
　오븐에 넣고 13분간 조리한다.

검은깨감자전

단체급식용 / 10인량

재료

간 감자 40g, 양파 15g, 검정깨 0.3g, 부침가루 3g, 감자전분 2.5g,
소금 0.5g, 반죽용 식용유 1.5g, 부침용 식용유 적당량

가정용 / 4인분

재료

간 감자(중간 크기) 2개, 양파 1/2개(100g), 검정깨 1큰술,
부침가루 3큰술, 감자전분 1큰술, 소금 1작은술,
반죽용 식용유 3큰술, 부침용 식용유 4~5큰술

1 감자는 중량의 반을 4cm 길이로 최대한 가늘게 채 썬 후
   찬물에 5분 정도 담가 전분기를 뺀다. 나머지 반은 곱게 간다.

2 양파는 얇게 채 썬다.

3 1의 감자는 체에 밭쳐 물기를 뺀 후 키친타월에 올려
   물기를 제거한다.

4 볼에 채 썬 감자, 감자 간 것, 양파, 검은깨, 부침가루, 감자전분,
   식용유, 소금을 넣고 골고루 섞어 반죽을 만든다.

5 오븐용 코팅팬에 식용유를 두르고 4의 반죽을 얇게 편 후
   위에도 다시 한 번 식용유를 바른다.

6 200℃로 예열한 오븐에 넣고 건열모드에서 25분간
   조리한다.

Cooking Tip

오븐 조리용 부침개 반죽은
일반 부침개 반죽보다
되직하게 준비해요.

고추참치

단체급식용 / 1인량

재료

통조림 참치 24g, 깐 감자 25g, 양파 13.33g, 당근 8.33g,
청양고추 0.8g, 고추장 5g, 토마토케첩 5g, 올리고당 2.5g,
참기름 0.5g

가정용 / 4인분

재료

통조림 참치 200g, 깐 감자(중간 크기) 1개,
당근(3cm) 1토막, 양파 1/2개, 청양고추 1개, 고추장 4큰술,
토마토케첩 3큰술, 올리고당 1½큰술, 참기름 1/2큰술

1 감자, 당근, 양파는 0.7×0.3cm 크기로 절단 후 감자와
   당근은 타공팬에 담아 100℃로 예열한 오븐에 넣고
   스팀모드로 5분간 데친다.

2 청양고추는 세로로 반을 갈라 씨를 제거하고 잘게 다진다.

3 볶음 팬에 참치 기름, 1의 데친 채소를 넣고 중간 불에서
   5분간 볶는다.

4 3에 고추장, 토마토케첩, 올리고당을 넣고 중간 불에서
   볶다가 참치를 넣은 후 약한 불에서 볶는다.

5 마지막으로 청양고추, 참기름을 넣은 후 골고루 섞어가며
   볶는다.

유명 패스트푸드 브랜드 세트 메뉴가 부럽지 않은

상하이치킨버거와
리코타치즈샐러드 한상

{
하이라이스
상하이치킨버거
리코타치즈샐러드
망고프루츠

2003년 한 패스트푸드 회사에서 우리나라 사람의 입맛에 맞춰 매콤한 맛을 입힌
닭고기 패티가 들어간 햄버거를 내놓았다. 이렇게 현지 입맛을 고려한 전략은 놀라운
결과를 낳았다. 출시한 지 얼마 지나지 않아 해당 제품이 회사 내 전체 버거 판매량의
20% 이상을 차지할 정도로 선풍적 인기를 얻은 것. 지금까지 지속적으로 버전을
업그레이드 하며 사랑받고 있는 이 햄버거에서 아이디어를 얻어 기름기 없이 맛볼 수
있는 수제 치킨버거를 만들어보자. 아이들도 맛있게 먹을 수 있을 정도로
적당히 매콤한 닭고기 패티를 기름에 튀기는 대신 오븐을
이용해 튀김결을 살리며 익히는 것이 비법이다.
치킨버거와 어울릴 만한 메뉴를 함께 구성해
식단을 준비하면 한 끼의 영양 균형도
완벽하다. 진하고 깊은 맛을 낸
하이라이스, 아이들이 좋아하는
열대과일로 만든 망고프루츠에
저절로 채소를 듬뿍 먹게 되는 리코타
치즈샐러드까지. 샐러드에 들어가는 리코타
치즈는 주로 이탈리아에서 생산하는 치즈인데, 지방
함량이 20~30%로 적은 편이며 부드러운 단맛으로 다른
식재료와 잘 어울리는 동시에 아이들도 호불호 없이 즐긴다.
게다가 직접 만들기 쉬우니 일석이조!

하이라이스

재료

돼지고기 50g, 감자 41.67g, 양파 25g, 당근 16.67g,
하이라이스 가루 20g, 다진 마늘 1.5g, 생강즙 1g, 청주 1.5g,
식용유 3.5g, 소금 1g, 후춧가루 0.08g

재료

돼지고기 200g, 감자(중간 크기) 1/2개, 양파 1개, 당근 1/2개,
하이라이스 가루 200g, 마늘 1/2큰술, 생강즙 1/2큰술,
청주 1큰술, 식용유 3큰술, 소금 1작은술, 후춧가루 1/2작은술

Cooking Tip

돼지고기는 다진 마늘과
함께 볶아주면 잡내를
없앨 수 있어요.

1 감자, 당근, 양파는 사방 1.5cm 크기로 썬다.
2 돼지고기는 채소 크기에 맞춰 깍둑썰기 한 후 다진 마늘,
   생강즙, 청주, 후춧가루를 넣고 재워 냉장고에 보관한다.
3 국솥에 식용유를 두른 후 1의 채소와 2의 돼지고기를 넣고
   각각 소금으로 간해 볶는다.
4 물에 하이라이스가루를 넣고 잘 저어서 풀어준다.
5 국솥에 물을 붓고, 3을 넣고 재료가 익을 때까지
   끓이다가 4를 넣고 한소끔 더 끓인다.

Cooking Tip

기름 빵가루에 고추기름을
넣으면 매콤한 맛을
더할 수 있어요.

상하이치킨버거

재료

햄버거 빵 50g, 양상추 10g, 찰토마토 10g, 양파 5g,
오이피클 8g, 마요네즈 5g, 스위트칠리소스 9g
패티 : 닭가슴살 40g, 치킨 파우더 10g, 빵가루 8g,
감자전분 4g, 식용유 2g, 다진 마늘 0.5g, 생강즙 0.3g,
후춧가루 0.1g, 고추기름 6g, 청주 2g, 소금 0.3g

재료

햄버거 빵 4개, 양상추 4장, 찰토마토 1개, 양파 1개,
오이피클(작은 것) 2개, 마요네즈 4큰술, 스위트칠리소스 4큰술
패티 : 닭가슴살 200g, 치킨 파우더 1½큰술, 빵가루 2컵,
감자전분 1큰술, 식용유 1/2컵, 다진 마늘 1작은술,
생강즙 1작은술, 후춧가루 1/4작은술, 고추기름 4큰술,
청주 1큰술, 소금 1/2작은술

1 닭가슴살은 고추기름(전체 중량의 1/2), 소금, 후춧가루,
   다진 마늘, 생강즙, 청주를 뿌려 밑간한 후 감자전분,
   치킨 파우더(전체 중량의 1/2)를 섞어 고루 버무린다.

2 빵가루, 고추기름(남은 1/2), 치킨 파우더(남은 1/2), 식용유를
   섞어 기름 빵가루를 만든 후 1의 닭가슴살에 입혀 오븐에 넣고
   190℃에서 건열모드로 20분간 조리한다.

3 토마토와 양파는 얇게 슬라이스 하고, 양상추는 햄버거 빵
   크기에 맞춰 자른다.

4 햄버거 빵, 양상추, 양파, 마요네즈, 스위트칠리소스,
   치킨 패티, 피클, 토마토 순으로 올린다. 또는 햄버거 빵
   양면에 마요네즈를 바른 후 재료를 넣어 만든다.

리코타치즈샐러드

단체급식용 / 1인량

재료
샐러드용 채소 20g, 양파 1.5g, 포도 3g, 크랜베리 2.5g
리코타 치즈 : 우유 30g, 생크림 15g, 생 레몬즙 0.9g, 소금 0.2g
드레싱 : 다진 호두 1.5g, 식초 0.5g, 올리고당 1.5g,
올리브유 3g, 레몬즙 0.3g, 발사믹 식초 3g, 소금 0.1g

가정용 / 4인분

재료
샐러드용 채소 50g, 양파 1/4개, 포도 2컵, 크랜베리 1큰술,
리코타 치즈 : 우유 500ml, 생크림 250g, 생 레몬즙 1큰술,
소금 1/3작은술
드레싱 : 다진 호두 1큰술, 식초 1큰술, 올리고당 1큰술,
올리브유 2큰술, 레몬즙 1작은술, 소금 1/2작은술,
발사믹 식초 2큰술

1 솥에 우유, 생크림, 소금을 넣고 가볍게 섞은 후
   센 불에서 끓인다.
2 솥 가장자리부터 작은 방울이 생기며 끓어오르기 시작하면
   10초 후에 불을 끈 후 생 레몬즙을 넣고 가볍게 섞어
   엉기게 만든 다음 실온에 5분간 둔다.
3 고운 체에 면포를 올린 후 2를 국자로 담고 꼭꼭 눌러
   물기를 뺀 다음 하루 정도 냉장 보관한다.
4 양파는 0.5cm 두께로 채 썰어 찬물에 10분간 담갔다 건져
   물기를 뺀다. 샐러드용 채소도 깨끗이 씻어 물기를
   제거한 후 한 입 크기로 썬다.
5 분량의 재료를 섞어 드레싱을 만든다.
6 접시에 샐러드 채소를 담은 후 다진 호두, 포도, 크랜베리,
   리코타 치즈를 올리고, 드레싱을 따로 배식한다.

Cooking Tip
우유는 오래 끓이지 말고
끓어오르기 시작하면
불을 꺼요.

망고프루츠

단체급식용 / 10인량

재료

냉동 망고 17.5g, 통조림 프루츠칵테일 15g,
통조림 복숭아 15g, 사이다 5g, 우유 1.7g

가정용 / 4인분

재료

냉동 망고 150g, 통조림 프루츠칵테일 100g,
통조림 복숭아 100g, 사이다 400ml, 우유 100ml

1 망고는 2×2cm 크기로 깍둑썰기 한다.

2 배식 30분 전에 망고, 복숭아, 프루츠칵테일,
   우유, 사이다를 골고루 섞는다.

3 2는 먹기 전까지 냉장 보관한다.

기름기 쏙 빠진 품격 있는 돈가스를 맛보고 싶을 땐

매콤소스돈가스와
키위드레싱샐러드 한상

{
유부콩나물된장국
매콤소스바질커틀릿
키위드레싱샐러드
고구마범벅

바삭하고 고소한 맛에 남녀노소 좋아하는 돈가스는
원래는 일본에서 건너온 음식이다. 처음 돈가스가
만들어진 시기는 일본에 서양 문물이 물밀 듯 유입되던
메이지 시대다. 당시 일본에서는 서양의 음식 문화를
받아들이면서 쇠고기와 닭고기를 기본 재료로 활용해 커틀릿을
만들었다. 하지만 이보다 더 널리 퍼진 건 돼지고기로 만든 포크커틀릿이었다.
당시 포크커틀릿은 지금처럼 두툼한 튀김이 아니었다. 그러다 1920년대
후반에 이르러서 돼지고기를 기존 커틀릿보다 두툼하게 튀기고, 튀김옷도
유럽식 고운 빵가루에서 일본식 큰 빵가루로 바꾸는 변화가 일어났다.
그리고 돈가스라는 이름으로 부르기 시작했다.
우리나라에는 돈가스가 일제강점기에 제일 처음 들어와
1960년대 이후 고급 경양식의 형태로 퍼지다 지금은
대중 음식으로 자리 잡았다. 돈가스는 넉넉한 기름에
튀김옷을 입힌 납작한 돼지고기를 튀기는 것이 기본
조리 방법이지만, 튀기면 칼로리가 높아지고 조리 시 화상을
입을 가능성이 있다. 하지만 기름에 직접 튀기는 대신 오븐을
활용하면 적은 기름에 안전한 조리로 돈가스를 먹는 사람과 만드는
사람 모두 건강하게 즐길 수 있다. 여기에 일본 정식처럼 생채소에
키위드레싱을 얹은 샐러드까지 곁들이면 금상첨화!

유부콩나물된장국

재료

유부 3g, 양파 7.5g, 애호박 9g, 감자 8g, 대파 1.3g,
풋고추 1.6g, 국멸치 1.6g, 고추장 3g, 된장 8g, 콩나물 16g,
다진 마늘 1g, 소금 0.5g

재료

유부 3장, 양파 1/2개, 애호박 1/3개, 감자 1/2개,
대파(5cm) 1개, 풋고추 1/2개, 국멸치 10마리, 고추장 1/2큰술,
된장 3큰술, 콩나물 1줌, 다진 마늘 1/2큰술, 소금 1/2작은술

1 유부는 1×4cm 크기로 썰고 끓는 물에 살짝 데쳐
   기름기를 뺀다.

2 양파는 채 썰고, 애호박과 감자는 반달썰기,
   대파와 풋고추는 어슷하게 썬다.

3 멸치는 손질해 프라이팬에 넣고 볶은 후 국솥에
   물을 붓고 멸치를 넣어 30분간 끓인다.

4 3에 고추장, 된장을 잘 푼 다음 유부와 채소를 넣고
   끓이다가 감자가 익으면 콩나물을 넣고 국솥 뚜껑을
   덮어 끓인다. 대파, 다진 마늘, 소금을 넣어 간한다.

Cooking Tip

유부는 먼저 썰어서 끓는 물에
살짝 데쳐야 기름기가
잘 빠져서 담백해요.

Cooking Tip

오븐 조리 시에는 돼지고기에
빵가루를 살짝 눌러 묻혀야 바삭해요.
소스는 마늘을 먼저 볶아
매운맛을 날려주세요.

매콤소스바질커틀렛

단체급식용 / 10인량

재료

돼지고기 등심 75g, 청주 2.5g, 생강즙 1g, 다진 마늘 1g,
소금 1g, 후춧가루 0.04g, 빵가루 20g, 달걀 20g, 밀가루 12.5g,
식용유 0.06g, 파프리카 분말 0.02g, 바질 가루 0.1g,
소스 : 셀러리 0.43g, 양파 3.33g, 우엉 1.33g, 양송이버섯 2.33g,
우스터 소스 0.83g, 토마토케첩 5g, 칠리소스 15g, 고추기름 1g,
고추장 5g, 진간장 1g, 통조림 옥수수 7g, 설탕 0.83g,
감자전분 0.5g

가정용 / 4인분

재료

돼지고기 등심(커틀릿용) 300g, 청주 3큰술, 생강즙 1/2큰술,
다진 마늘 1큰술, 소금 1/2작은술, 후춧가루 1/4작은술,
빵가루 4컵, 달걀 2개, 밀가루 1컵, 식용유 6컵,
파프리카 분말(또는 고운 고춧가루) 1큰술, 바질 가루 2/3큰술
소스 : 셀러리(3cm) 1개, 양파 1/4개, 우엉(3cm) 1개,
양송이버섯 2개, 우스터 소스 1큰술, 토마토케첩 3큰술,
칠리소스 2큰술, 고추기름 1큰술, 고추장 1큰술, 진간장 1/2큰술,
통조림 옥수수 2큰술, 설탕 1큰술, 감자전분 1/2큰술

1 돼지고기는 청주, 생강즙, 다진 마늘(전체 중량의 1/2),
   소금, 후춧가루로 재운다.

2 빵가루에 식용유, 파프리카 분말, 바질 가루를 넣어
   기름 빵가루를 만든다.

3 1의 돼지고기에 밀가루, 달걀물, 기름 빵가루 순으로
   튀김옷을 입힌 후 코팅팬에 올려 180℃로 예열한
   오븐에 넣고 건열모드에서 20분간 조리한다.

4 셀러리는 잘게 다지고, 양파는 2×2cm 크기로 사각썰기
   한다. 우엉은 2cm 두께로 채 썰고, 양송이버섯은 모양을
   살려 썬다.

5 팬에 식용유를 두른 후 다진 마늘을 넣고 볶아 향을 낸 뒤
   셀러리, 양파, 양송이버섯, 우엉을 넣고 볶다가 채소가
   익으면 나머지 소스 재료를 넣고 끓인다. 소스의 농도는
   물에 푼 감자 전분을 넣어 조절한다.

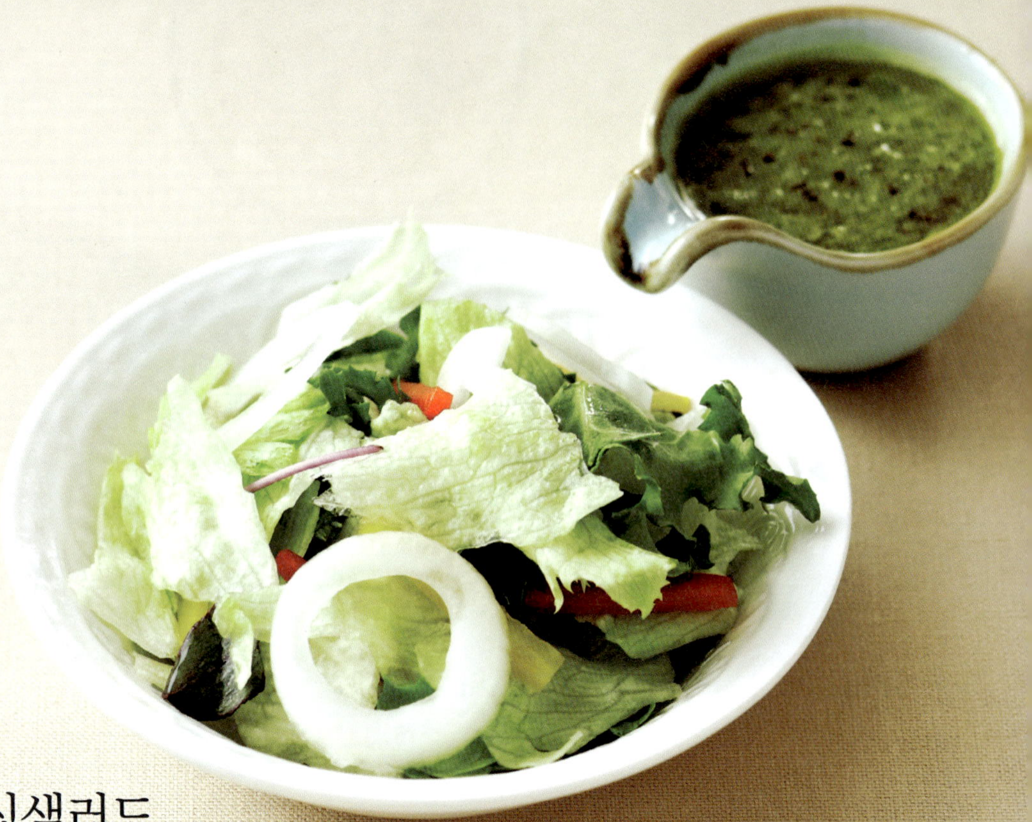

키위드레싱샐러드

단체급식용 / 1인량

재료

샐러드 채소 20g

드레싱 : 키위 10g, 오이피클 3g, 양파 0.5g, 사이다 6g, 꿀 1.5g, 올리브유 1g

가정용 / 4인분

재료

샐러드 채소 20g

드레싱 : 키위 3개, 오이피클 1큰술, 양파 1작은술, 사이다 3큰술, 꿀 1/2큰술, 올리브유 1/2큰술

1 양파와 키위는 소독한 뒤 껍질을 벗긴다.
2 믹서에 양파, 키위, 오이피클을 넣고 각각 간다.
3 2에 사이다, 꿀, 올리브유를 잘 섞어 드레싱을 만든 후 샐러드 채소 위에 뿌린다.

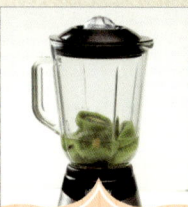

Cooking Tip

키위, 양파, 피클은 각각 맛의 특징이 조화를 이루도록 따로 갈아 준비해요.

고구마범벅

단체급식용 / 10인량

재료

고구마 40g, 사과 9g, 당근 6g, 마요네즈 9g,
허니머스터드 6g, 꿀 3g, 아몬드 슬라이스 1.5g

가정용 / 4인분

재료

고구마 2개, 사과 1/2개, 당근 1/3개, 마요네즈 6큰술,
허니머스터드 4큰술, 꿀 2큰술, 아몬드 슬라이스 1큰술

1 당근과 사과는 소독한 뒤 당근은 가로세로 0.2cm
   크기로 다지고, 사과는 가로세로 0.5cm 크기로 다진다.
   고구마는 껍질을 벗긴 후 사방 2cm 크기로

2 깍둑썰기 하고, 100℃로 예열한 오븐에 넣고
   스팀모드로 20분간 찐다.

3 2의 고구마가 익으면 꺼내 한 김 뺀 후 으깬다.

4 볼에 마요네즈, 허니머스터드, 꿀을 넣고 잘 섞는다.
   (마요네즈 : 머스터드 : 꿀 = 3 : 2 : 1)

5 4의 드레싱에 으깬 고구마, 다진 사과, 다진 당근을 넣고
   잘 버무린 후 아몬드 슬라이스를 올린다.

Cooking Tip

찐 고구마는 한 김 뺀 후
으깨야 버무렸을 때
수분이 생기지 않아 질척이는
느낌이 없어요.

튀기지 않고도 바삭바삭한 맛을 그대로 살린

프라이드치킨과
토르티야샐러드피자 한상

허브향프라이드치킨
토르티야샐러드피자
콘슬로
허니버터감자치즈구이

거리마다 즐비한 각종 치킨집에 1인 1닭, 치느님, 치맥 등 치킨과 관련한 수많은
신조어만 봐도 현재 우리나라에서 치킨의 위상이 어느 정도인지 가늠할 수 있다.
생각해보면 이런 풍경이 펼쳐진 건 그리 오래되지 않았다. 지금도 복날이 되면
삼계탕을 떠올리듯, 원래 닭고기는 영양을 보충하기 위해 가끔 먹던
귀한 식품이었기 때문. 실제로 닭고기는 섬유질이 연하고 질적으로 우수한 단백질이
풍부해 맛과 영양 모두 훌륭하다. 그래서인지 옛날에는 살코기 한 점이라도 놓칠까봐
한 마리를 통째로 냄비나 솥에 넣고 푹 끓여서 온 식구가 옹기종기 모여 앉아 먹던
보양식 재료였다.

예전에는 닭 자체가 귀해 프라이드치킨을 먹는 게 어렵기도 했지만, 닭을 튀기려면
많은 양의 기름이 필요한 것도 문제였다. 값비싼 기름을 큰 솥에 붓고 닭을 튀긴다는
생각 자체가 불가능했던 것이다. 하지만 1970년대 초, 육계 산업이 비약적으로
발전했고 이와 비슷한 시기에 식용유가 널리 보급되었다.
이때부터 우리나라 프라이드치킨의 역사가 본격적으로 시작되었고 배달 문화까지
어우러져 오늘날의 치킨 공화국이 완성된 것이다.
프라이드치킨을 밥상에 올리면 아이들이 좋아할 모습이 눈에 훤하지만, 자주 식단에
넣을 수 없는 건 아무리 영양이 풍부한 닭고기라도 튀기다 보면 기름이 많이 들어가
건강한 밥상을 준비하기 어렵기 때문. 이럴 때 튀김옷 반죽의 노하우와 오븐을
활용하면 힘들게 기름에 튀기지 않고도 바삭바삭한 치킨을 만들 수 있다.

허브향프라이드치킨

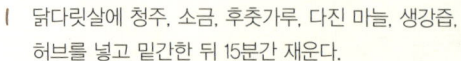
재료

닭다릿살 120g, 청주 3.8g, 소금 2.5g, 후춧가루 0.5g, 생강 1.2g,
다진 마늘 2.5g, 말린 허브 1.5g, 식용유 16g, 감자전분 15g,
치킨파우더 25g, 튀김가루 6g, 밀가루 15g

가정용 / 4인분
재료

닭다릿살 600g, 청주 2큰술, 소금 1작은술, 후춧가루 1/2작은술,
생강즙 1/2큰술, 다진 마늘 1큰술, 말린 허브 1큰술, 식용유 1/2컵,
감자전분 1/2컵, 치킨파우더 2컵, 튀김가루 1/2컵, 밀가루 1컵

1 닭다릿살에 청주, 소금, 후춧가루, 다진 마늘, 생강즙,
  허브를 넣고 밑간한 뒤 15분간 재운다.

2 1의 밑간한 닭에 식용유를 넣고 잘 버무린 후 감자전분,
  치킨파우더, 튀김가루, 밀가루를 섞어 닭다릿살에 묻힌 후
  가루가 스며들면 다시 한 번 묻혀준다.

3 오븐 코팅팬에 2의 닭다리를 올린 후 180℃로
  예열한 오븐에 넣고 건열모드로
  15~20분간 조리한다.

Cooking Tip
식용유를 묻힌 닭다리살에
치킨파우더를 두 번 묻혀야
식감이 더욱 바삭해져요.

토르티야샐러드피자

재료

토르티야 20g, 샐러드 채소 17g, 어린잎채소 2g, 치커리 3g,
모차렐라 치즈 25g, 버터 3g, 다진 마늘 5g, 발사믹 식초 0.7g,
올리브오일 1.5g, 소금 0.12g, 후춧가루 0.03g, 꿀 6.6g

재료

토르티야 8장, 샐러드 채소 80g, 어린잎채소 2줌, 치커리 1/2줌,
모차렐라 치즈 3컵, 버터 1/2큰술, 다진 마늘 1큰술,
발사믹 식초 2큰술, 올리브오일 1큰술, 소금 1/2작은술,
후춧가루 1/4작은술, 꿀 4큰술

Cooking Tip

버터에 볶은 마늘을
토르티야에 얇게 펴바르면
마늘의 향미가 꿀과
잘 어우러져요.

1 채소는 깨끗이 씻어 물기를 제거한 후 양상추는
   먹기 좋은 크기로 썰고, 치커리는 3cm 길이로 썬다.

2 토르티야 한쪽 면에 버터에 볶은 마늘을 바른 후
   모차렐라 치즈를 뿌린다.

3 2를 오븐용 코팅팬에 담아 180℃로 예열한 오븐에 넣고
   3분간 조리한다.

4 3의 구운 토르티야에 꿀을 얇게 펴 바른다.

5 발사믹 식초, 올리브오일, 소금, 후춧가루로 샐러드
   드레싱을 만들어 1의 채소에 넣고 가볍게 버무린다.

6 4의 토르티야 위에 5의 채소를 올린다.

콘슬로

재료

통조림 옥수수 14g, 양배추 30g, 당근 5g, 마요네즈 13g,
설탕 6g, 2배 사과식초 3.3g, 소금 0.3g, 후춧가루 0.15g

재료

통조림 옥수수 120g, 양배추 300g, 당근 1/2개,
마요네즈 4큰술, 설탕 2큰술, 2배 사과식초 1큰술,
소금 1/2작은술, 후춧가루 1/4작은술

Cooking Tip

당일 조리 시에는 양배추를
소금에 살짝 절여 숨을 죽인 후
사용해야 부드러운 식감을
즐길 수 있어요.

1 양배추와 당근은 곱게 다진다.
2 옥수수에 마요네즈, 식초, 설탕, 소금, 후춧가루를 넣고
   잘 섞은 뒤 양배추와 당근을 넣고 한 번 더 버무린 후
   하룻밤 재워 사용한다.

허니버터감자치즈구이

단체급식용 / 10인량

재료

깐 감자 75g, 베이컨 4g, 체더치즈 3g, 버터 3.3g,
머스터드소스 5g, 토마토케첩 7.8g, 꿀 5g,
파르메산 치즈 가루 1.5g, 소금 0.6g, 후춧가루 0.03g

가정용 / 4인분

재료

깐 감자 3개, 베이컨 3줄, 체더치즈 3장, 버터 3큰술,
머스터드소스 2큰술, 토마토케첩 3큰술, 꿀 2큰술,
파르메산 치즈 가루 2큰술, 소금 1작은술, 후춧가루 1/4작은술

1　감자는 0.2cm 두께로 둥글게 슬라이스 한다.
2　체더치즈는 잘게 다지고, 베이컨은 1cm 두께로 썬 후
　　팬에 살짝 볶는다.
3　버터는 중탕한 뒤 소금과 후춧가루를 넣고 잘 섞어
　　1의 감자에 버무린다.
4　3의 감자를 오븐 코팅팬에 담아 170℃로 예열한
　　오븐에 넣고 건열모드로 25분간 조리한다.
5　4의 감자를 오븐에서 꺼내 파르메산 치즈 가루를 뿌린 후
　　베이컨과 체더치즈를 올리고 그 위에 머스터드소스,
　　토마토케첩을 올려 다시 오븐에 넣고 80℃ 건열모드에서
　　치즈가 녹을 때까지 8~10분간 보온한다.
6　배식 직전 5 위에 꿀을 살짝 뿌린다.

Cooking Tip

꿀은 60℃이상에서
감미도가 떨어지니
꿀로 단맛을 내고 싶을 땐
차갑게 사용해요.

정겨운 한식 메뉴에 마음이 푸근해지는

묵은지감자탕과
해물파전 한상

{
묵은지감자탕
해물파전
들기름콩나물무침
아삭한 오이고추된장무침

추적추적 비 오는 날, 어디선가 풍겨오는 고소한 기름 냄새가 진동하면 누구라도
딱 떠올리는 음식이 바로 파전이다. 파전 구울 때 기름 튀는 소리가 빗소리와 닮아
비 내리는 날 유난히 파전 생각이 나는 것이라는 속설도 그럴 듯하지만, 비오는 날
낮은 기압과 습한 공기를 타고 번지는 고소한 냄새는 그야말로 날씨와 찰떡궁합이다.
파전 하면 가장 유명한 것이 바로 동래파전. 쪽파와 신선한 해물에 묽은 반죽과 달걀물을
뿌려 기름에 지져낸 동래파전은 조선시대 동래부사가 삼짇날 임금님께 진상했을 정도의
별미 음식이었다. '파전 먹는 재미로 동래장에 간다'는 말이 있을 정도로 인기가
있었으니, 해물파전은 부산 지역의 유명 음식인 동래파전에서 유래된 셈이다.
피로 회복을 돕는 타우린이 풍부한 오징어, 몸에 좋은 콜레스테롤 HDL과 단백질이
풍부한 새우, 비타민과 칼슘이 풍부하고 은은한 단맛이 나는 쪽파 등 우리 몸에 좋은
재료를 푸짐하게 넣은 영양 만점 해물파전. 그러나 속까지 잘 익히기 위해 너무 많은
기름을 사용하거나 긴 시간 하나씩 익히는 과정이 고민이었다면 좀 더 간편하게 조리할
수 있는 방법이 있다.
바로 오븐을 사용하는 것. 해물파전 재료를 모두 넣은 반죽에 소량의 기름을 섞고
오븐 팬에 부어서 오븐으로 조리하면, 기름 사용량이 훨씬 줄면서 맛은 담백하고
고소한 해물파전을 간편하게 만들 수 있다.

Cooking Tip

묵은지는 흐물거릴 때까지
등뼈와 함께 삶아야 신맛도 줄고
부드럽게 즐길 수 있어요.

묵은지감자탕

단체급식용 / 10인분

재료

돼지고기 등뼈 39.16g, 돼지고기 앞다릿살 52.22g,
묵은 김치 52.22g, 통마늘 1.31g, 통생강 1.18g, 새우젓 1.96g,
간 감자 39.16g, 양파 10.44g, 풋고추 1.18, 홍고추 1.18g,
청양고추 2.61g, 대파 2.61g, 바라깻잎 2.35g, 들깨가루 5.22g,
청주 2.35g, 소금 0.52g, 후춧가루 0.05g

양념 : 된장 7.83g, 고추장 3.92g, 고춧가루 1.7g, 국간장 1.18g,
다진 마늘 1.18g, 다진 생강 1.18g

가정용 / 4인분

재료

돼지고기 등뼈 400g, 돼지고기 앞다릿살 600g,
묵은 김치 200g, 통마늘 10쪽, 통생강 4톨, 새우젓 2큰술,
알감자 10개, 양파 1개, 풋고추 1개, 홍고추 1개, 청양고추 2개,
대파(15cm) 1개, 바라깻잎 10장, 들깨가루 6큰술, 청주 3큰술,
소금 1작은술, 후춧가루 1/4작은술

양념 : 된장 5큰술, 고추장 2큰술, 고춧가루 4큰술,
국간장 3큰술, 다진 마늘 4큰술, 다진 생강 2작은술

1 돼지고기 앞다릿살은 가로세로 2×2cm 크기로 자른 후
   냄비에 물을 붓고 앞다릿살, 돼지등뼈, 통마늘, 통생강,
   새우젓을 넣어 한 시간 정도 삶은 후 물은 버린다.

2 감자는 4등분하고, 양파는 가로세로 3cm로 썬다.
   풋고추, 홍고추, 청양고추, 대파는 어슷하게 썬다.

3 분량의 재료를 골고루 섞어 양념장을 만든다.

4 1에 물을 붓고 한소끔 더 끓인 뒤 3의 양념장과 감자,
   김치를 넣고 끓인 다음 감자가 익으면 청주, 소금,
   후춧가루, 대파, 양파, 고추, 바라깻잎, 들깨가루를 넣는다.

해물파전

재료

채 썬 오징어 26.67g, 새우살 5g, 조갯살 1.05g.
애호박 10g, 쪽파 10g, 양파 8.33g, 풋고추 0.83g, 홍고추 0.5g,
부침가루 13.33g, 설탕 0.5g, 식용유 5g

재료

채 썬 오징어 1마리(200g), 새우살 1/2컵, 조갯살 1/3컵.
애호박 1/3개, 쪽파 6뿌리, 양파 1/3개, 풋고추 1개, 홍고추 1/2개,
부침가루 2컵, 설탕 1큰술, 식용유 6큰술

Cooking Tip

채소와 해물이 많이 들어가는
오븐 부침개는 재료에서 수분이
발생하므로 별도로 물을
넣지 않아요.

1 양파와 애호박은 채 썰고, 쪽파는 4cm 길이로 썬다.
   풋고추와 홍고추는 송송 썬다.

2 부침가루에 모든 해물과 채소, 설탕을 넣고 잘 섞어 반죽을
   만든 후 분량의 식용유를 넣어 섞는다.

3 오븐용 코팅팬에 식용유를 바르고 반죽을 펴
   올린 후 그 위에 다시 한 번 기름을

4 바른다.
   180℃로 예열한 오븐에 넣고
   건열모드에서 20~25분간
   조리한다.

들기름콩나물무침

재료

콩나물 20g, 실파 0.17g, 다진 마늘 0.2g, 들기름 0.5g,
국간장 0.3g, 소금 0.3g, 참깨 0.04g

재료

콩나물 200g, 실파 2쪽, 다진 마늘 1/2큰술, 들기름 2큰술,
국간장 1/2큰술, 소금 1/2작은술, 참깨 1큰술

Cooking Tip

데친 콩나물은 체에
펼쳐 놓고 밭쳐야 뜨거운 김이
빠지고 수분이 증발해
더 아삭해져요.

1. 콩나물은 끓는 물에 넣고 뚜껑을 덮은 후 센 불에서
   4분간 익힌다.
2. 콩나물이 익으면 꺼내 체에 펼쳐 한 김 식힌다.
3. 볼에 콩나물을 넣고, 소금, 다진 실파, 다진 마늘,
   국간장을 넣고 버무린다.
4. 마지막으로 들기름, 참깨를 넣고 한 번 더 버무린다.

아삭한 오이고추된장무침

단체급식용 / 10인분

재료

오이고추 7g, 다진 마늘 0.3g, 된장 0.5g, 매실액 0.16g,
청주 2g, 참기름 0.2g, 참깨 0.08g

가정용 / 4인분

재료

오이고추 7개, 다진 마늘 1/2큰술, 된장 3큰술, 매실액 1½큰술,
청주 1/2큰술, 참기름 1/2큰술, 참깨 2작은술

1 오이고추는 1cm 두께로 둥글게 모양을 살려 썬다.
2 된장, 다진 마늘, 청주, 매실액, 참기름, 참깨를 잘 섞어
  양념을 만든 뒤 1의 오이고추에 넣고 골고루 버무린다.

Cooking Tip

오이고추는 한 입에 쏙 들어가는
반찬이 되도록
1cm 간격으로 썰어주세요.

기름이 적어 개운하고 담백한

못난이완자와 감자채볶음 한상

{
낙지미역국
고추장못난이완자
치즈버섯감자채볶음
와플요구르트체리카나페

'기름에 튀기면 신발도 맛있다'는 말이 있는 것처럼 기름에 지지고 볶는 요리는
고소한 맛 때문에 많은 사람이 좋아한다. 흔히 동그랑땡이라고 부르는 음식은
다진 고기와 채소 등을 섞어 동그랗게 빚은 후 기름에 지져 먹는 완자 요리다.
완자는 콩알 크기로 빚어 비빔밥 등의 고명으로 쓰기도 하고, 동전 크기로 빚어
완자탕 등의 건더기로 쓰기도 하지만 동그랑땡의 형태로 가장 많이 먹는 것은
바로 고소하고 감칠맛이 나며 매끄럽게 넘어가는 기름의 맛 때문이다.
누구나 좋아하는 볶음 요리나 튀김 요리의 매력이 넉넉한 기름의 풍미를 한껏
올려주는 센 화력 덕분이라는 것 또한 주지의 사실이다.
하지만 이렇게 조리한 요리는 칼로리 걱정은 물론 뜨거운 기름 앞에서 조리하는
사람도 고역이고, 조리 후 남은 기름 또한 처치곤란이다. 이때 오븐을 사용하면
기름의 양을 절대적으로 줄일 수 있고, 뜨거운 열과 유해 가스 발생 없이 다양한
메뉴의 조리가 가능하며, 그동안 조리하는 사람은 다른 작업을 할 수 있다는
장점이 있다.
만일 오븐이 없는 경우라면 볶음 조리 시 센 불에서 빨리 볶아서 기름이 재료에 많이
배지 않도록 한다. 재료를 미리 물에 데쳐서 기름에서 조리하는 시간을 줄이는 것도
좋은 방법이다. 튀김솥이나 웍에서 튀김 조리를 할 때는 뚜껑을 덮어 조리 온도를
높게 유지해야 오븐처럼 음식이 빨리 조리되면서 겉이 바삭해진다.

낙지미역국

단체급식용 / 10인량

재료

낙지 20g, 건미역 1.6g, 가츠오부시(또는 가츠오우동장국) 3g,
멸치액젓 1g, 국간장 1g, 청주 1.2g, 소금 0.6g

가정용 / 4인분

재료

낙지 200g, 건미역 10g,
가츠오부시 2줌(또는 가츠오우동장국 3큰술), 멸치액젓 1큰술,
국간장 1큰술, 청주 1/2큰술, 소금 1작은술, 물 6컵

Cooking Tip

낙지는 밀가루로 비벼
깨끗이 세척해야 빨판에 붙은
이물질이 깔끔하게 제거돼요.

1 끓는 물에 가츠오부시와 멸치액젓을 넣고 10분간 끓인 뒤
   가츠오부시는 건진다.
2 낙지는 밀가루로 비벼가면서 하얀 물거품이 생길 때까지
   세척한다.
3 미역은 물에 불려 먹기 좋은 크기로 자른 후 1의
   육수에 넣고 끓인다.
4 3이 끓으면 뚜껑을 덮고 중간 불로 줄여
   10분간 끓인 다음 낙지와 국간장을 넣고
   한소끔 끓인다.
5 마지막으로 청주를 넣고 소금으로
   간한다.

고추장못난이완자

단체급식용 / 10인량

재료

다진 돼지고기 93.46g, 양파 23.36g, 대파 1.56g, 청양고추 0.66g,
다진 마늘 1.56g, 고추장 10.9g, 토마토케첩 4.67g, 설탕 4.67g,
양조간장 1.56g, 매실액 0.93g, 생강즙 0.78g, 청주 1.56g,
후춧가루 0.1g, 참기름 0.62g

가정용 / 4인분

재료

다진 돼지고기 400g, 다진 양파 1/4큰술, 다진 대파 2작은술,
다진 청양고추 2작은술, 다진 마늘 1/2큰술, 고추장 2큰술,
토마토케첩 1큰술, 설탕 1/2큰술, 양조간장 2작은술, 매실액 1/2큰술,
생강즙 1작은술, 청주 2큰술, 후춧가루 1/4작은술, 참기름 1큰술

1 다진 돼지고기는 설탕, 청주, 후춧가루를 넣어 치댄다.
   양파, 대파, 청양고추는 다진다.
2 1에 고추장, 토마토케첩, 양조간장, 매실액,
   다진 마늘, 생강즙, 참기름, 다진 채소를 넣고
   치댄 후 30분간 재운다.
3 오븐용 코팅팬에 3의 돼지고기를
   숟가락으로 한 숟가락씩 떠서 올린다.
4 180℃로 예열한 오븐에서 건열모드로
   15~20분간 조리한다.

Cooking Tip

반죽한 완자는 숟가락을 이용해
한 숟가락씩 떠서 올리면 모양을
만들 필요 없이 빠르게
조리할 수 있어요.

Cooking Tip

오븐에 구운 감자채 위에
파르메산 치즈를 뿌리면
평범한 감자채볶음도
고급스러워져요.

치즈버섯감자채볶음

단체급식용 / 10인분

재료
깐 감자 52.22g, 양파 15.67g, 애느타리버섯 10.44g,
파르메산 치즈 가루 1.6g, 소금 0.65g, 후춧가루 0.03g,
식용유 3g, 마늘 3g

가정용 / 4인분

재료
깐 감자(중간 크기) 2개, 양파 1/2개, 애느타리버섯 100g,
파르메산 치즈 가루 1큰술, 소금 1작은술, 후춧가루 1/4작은술,
식용유 3큰술, 마늘 3톨

1 감자와 양파는 0.3cm 두께로 채 썰고, 마늘은 얇게
   편으로 썬다. 애느타리버섯은 가닥으로 찢는다.

2 팬에 식용유를 살짝 둘러 마늘을 넣고 노릇하게 굽는다.

3 채 썬 감자는 채반에 담아 소금을 뿌린 후 무거운 것
   (배트 등에 물을 담아)을 올려 전분기를 뺀다

4 3의 감자와 양파, 애느타리버섯, 구운 마늘에 소금,
   후춧가루를 넣어 간한 후 식용유로 버무려 오븐용
   코팅팬에 담는다.

5 170℃로 예열한 오븐에 4를 넣고 건열모드에서 10분간
   조리한다.

6 완성된 감자채 위에 파르메산 치즈 가루를 뿌린다.

요구르트 체리와플카나페

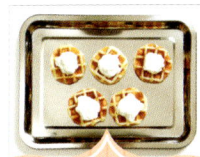

Cooking Tip

와플의 벌집 모양이 보이도록 흐르지 않는 호상 요구르트를 사용하는 것이 좋아요.

단체급식용 / 1인량

재료

냉동 와플 30g, 체리 10g, 플레인요구르트 17g

가정용 / 4인분

재료

냉동 와플 4개, 체리 10알, 플레인요구르트 100g

1 냉동 와플은 해동한다.
2 와플 위에 요구르트, 체리를 순서대로 올린다.

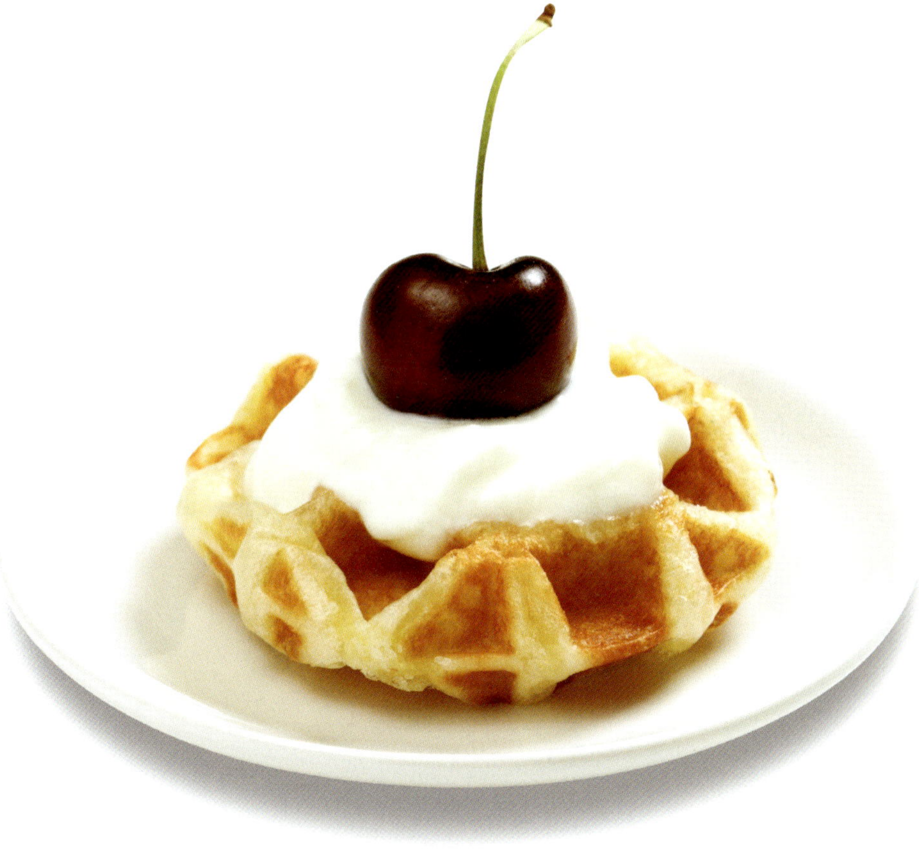

PART 02

아이들이 편식하는 재료를 잘 먹게 만드는
특별 솔루션

누구나 좋아하는 음식, 싫어하는 음식은 있기 마련이다. 그러나 어떤 음식만
너무 많이 먹거나, 어떤 음식은 절대 먹지 않는다면 걱정스러운 일이다.
편식은 성장에 큰 영향을 줄뿐만 아니라 편식 습관이 성인이 되어서까지 이어지기 때문에
바른 식생활을 위해 음식을 골고루 섭취하는 일은 매우 중요하다.
'몸에 좋은 음식'이라는 말을 '맛없는 음식'이라는 말과 동일하게 받아들이는 아이들에게
편식하는 음식을 잘 먹도록 하기 위해서는 특별한 노력이 필요하다. 싫어하는 재료에
조금씩 익숙해지기 위해 아이들이 좋아하는 형태로 만들어주거나, 좋아하는 맛을 더해주거나,
좋아하는 음식에 곁들여주는 등의 방법을 사용하는 것이 좋다.
채소, 콩, 두부, 된장, 생선, 해산물, 견과류 등 몸에 좋은 재료를 아이들이 좋아하는
음식으로 만든 한상차림을 소개한다.

된장과 쌀떡, 우리 전통음식의 맛을 잊지 않게 해주는

열무된장국과 상하이떡볶이 한상

{
열무된장국
상하이떡볶이
매콤낙지채소볶음
옥수수게맛살전

된장은 우리나라 전통음식을 꼽을 때 첫 손가락에 꼽히는 식품. 〈삼국지〉의
'위지동이전'에 '고구려인은 장 담그고 술을 빚는 솜씨가 훌륭하다'는 기록이
있을 정도로 오래 전부터 우리 식문화에서 빼놓을 수 없었으며,
〈삼국사기〉에는 '신라 신문왕 3년에 왕비를 맞을 때 예물 품목으로
시(豉, 메주)를 보냈다'는 기록이 있을 만큼 귀했던 음식이 바로 된장이다.
콩을 주재료로 하기 때문에 양질의 식물성 단백질이 풍부한 된장은
발효 과정을 통해 이소플라본·사포닌 등의 암 억제 물질 생성, 활성산소
억제 작용 등이 밝혀지면서 대표적 항암 식품으로 인정받게 되었으며
대한암협회도 암 예방 권고 사항으로 된장 섭취를 권유한 바 있다. 그러나
아쉽게도 된장을 비롯한 전통 장류의 소비량이 점차 감소하고 있는 추세다.
쌀 역시 마찬가지. '한국인은 밥심으로 산다'는 옛말과 달리 40년 전에 비해
약 50%, 10년 전에 비해 약 25%나 감소한 쌀 소비량 때문에 쌀 재고 처리는
사회적 문제로 떠올랐다. 농산물 자급률이 저조한 우리나라에서 유일하게
자급률이 높은 쌀은 식량주권의 핵심 품목이기 때문에 정부는 쌀 소비
촉진을 적극 권하고 있지만, 다양해진 식문화로 인해 밥 외에 다른 메뉴를
더 선호하는 시대상을 바꾸기는 쉽지 않아 보인다.
그러나 인스턴트식품과 서구식 메뉴에 익숙한 어린 세대가 한국 전통음식의
맛을 즐기고 기억할 수 있도록 정성스레 차린 밥상에서 우리 먹을거리를
지켜내기 위한 노력이 시작된다는 사실을 잊지 말자.

열무된장국

단체급식용 / 10인량

재료

열무 28.07g, 무 12.47g, 양파 4.16g, 두부 18.71g, 대파 2.08g,
국멸치 2.08g, 다시마 2.08g, 된장 6.24g, 고추장 2.08g,
거피 들깻가루 4.16g, 고춧가루 0.42g, 다진 마늘 1.04g

가정용 / 4인분

재료

열무 1줌, 무 1/2토막(지름 10cm, 두께 2cm), 양파 1/4개,
두부 1/4모, 대파(5cm) 1개, 국멸치 10마리,
다시마(5×5cm) 2장, 된장 3큰술, 고추장 1큰술,
거피 들깻가루 2큰술, 고춧가루 1/2큰술, 다진 마늘 2작은술,
물 6컵

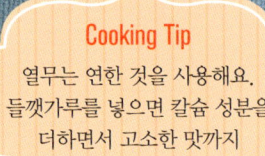

Cooking Tip

열무는 연한 것을 사용해요.
들깻가루를 넣으면 칼슘 성분을
더하면서 고소한 맛까지
낼 수 있어요.

1 솥에 물을 붓고, 국멸치와 다시마를 넣어 국물을 우려낸다.
2 열무는 3cm 길이로 썰고, 두부는 깍둑썰기 한다.
　무와 양파는 나박썰기 하고, 파는 송송 썰고, 마늘은 다진다.
3 된장, 고추장, 고춧가루, 다진 마늘을 잘 섞어 양념장을
　만든다.
4 열무는 끓는 물에 살짝 데쳐 물기를 제거한 후
　양념장의 1/4를 넣고 조물조물 무친다.
5 나머지 양념장은 1의 국물에 풀고 무를 넣은 후 10분간
　끓이다가 무가 익으면 열무, 양파, 대파, 들깻가루를 넣고
　한소끔 더 끓인다.
6 마지막으로 두부를 넣는다.

상하이떡볶이

단체급식용 / 10인량

재료

떡볶이 떡 75g, 쇠고기 안심 8.33g, 양파 10g, 양송이버섯 4.17g,
브로콜리 4.17g, 홍피망 6.67g, 식용유 약간

양념 : 양조간장 4.17g, 굴소스 1.33g, 다진 마늘 0.83g,
다진 대파 0.5g, 설탕 3.83g, 청주 0.33g, 소금 0.5g,
후춧가루 0.1g, 참기름 1.67g

가정용 / 4인분

재료

떡볶이 떡 500g, 쇠고기 안심 100g, 양파 1/2개,
양송이버섯 4개, 브로콜리 1/4송이, 홍피망 1/2개, 식용유 약간

양념 : 양조간장 1½큰술, 굴소스 1큰술, 다진 마늘 1½큰술,
다진 대파 1큰술, 설탕 2큰술, 청주 1큰술, 소금 1/2작은술,
후춧가루 1/4작은술, 참기름 1큰술

1. 분량의 재료를 섞어 떡볶이 양념장을 만든 후 양념장의
   3/4을 떡볶이 떡에 넣어 버무린다.
2. 브로콜리는 먹기 좋게 송이를 나누고, 양송이버섯은 0.5cm
   두께로 썬다. 양파와 홍피망은 가로세로 3×3cm 크기로 썬다.
   쇠고기는 국거리용 크기로 썬 후 1의 남은 양념장을 넣고
   버무려 재운다.
3. 달군 팬에 식용유를 두르고 양파와 홍피망을 넣고 볶다가
   양송이버섯, 쇠고기를 순서대로 넣고 볶는다.
4. 볶은 채소와 떡을 골고루 버무리고 간을 본 후 오븐 팬에 담고
   뚜껑을 덮어 170℃로 예열한 오븐에서 스팀모드로 15분간
   조리한다.

Cooking Tip
오븐으로 찜과 볶음을
조리할 때는 오븐에 넣기 전
간을 확인해주세요.

매콤낙지채소볶음

재료
낙지 66.67g, 가래떡 15g(선택 사항), 양배추 10g, 양파 11.67g,
주키니호박 11.32g, 당근 5g, 풋고추 1.17g, 다진 마늘 2.5g,
식용유 0.33g, 참깨 0.32g
양념 : 고추장 6.67g, 고추기름 4.17g, 물엿 3g, 고춧가루 1.33g,
설탕 2.5g, 참기름 0.33g

Cooking Tip
낙지는 데치고, 채소는 볶은 다음
둘을 섞으면 수분이 많이 생기지
않아요. 가래떡은 수분을
흡수하는 역할을 해요.

재료
낙지 3마리, 가래떡 1컵(선택 사항), 양배추 100g, 양파 1/2개,
주키니호박 1/2개, 당근 1/3개, 풋고추 1개, 다진 마늘 2큰술,
식용유 2큰술, 참깨 2작은술
양념 : 고추장 4큰술, 고추기름 3큰술, 물엿 1큰술,
고춧가루 1큰술, 설탕 2큰술, 참기름 1큰술

1. 풋고추, 당근은 어슷썰기 하고 양파, 양배추는 채 썬다.
   주키니 호박은 반달 모양으로 썬다.
2. 낙지는 끓는 물에 살짝 데치고, 가래떡도 끓는 물에
   살짝 데쳐 찬물에 식힌다. 1의 채소는 각각 따로 팬에 볶는다.
3. 분량의 재료를 잘 섞어 양념장을 만든다.
4. 볶음 팬에 식용유를 두른 후 다진 마늘을 넣고 갈색이 나도록
   볶다가 3의 양념을 넣고 끓으면 낙지와 채소를 넣고
   센 불에서 1분간 볶는다. 마지막으로 참깨를 뿌린다.

Cooking Tip

코팅팬에 기름을 바른 후
재료를 올려야 나중에 요리가
깔끔하게 떨어져요.

옥수수게맛살전

단체급식용 / 10인량

재료

통조림 옥수수 21.14g, 게맛살 10.07g, 풋고추 0.1g, 달걀 25.17g,
부침가루 0.84g, 소금 0.21g, 후춧가루 0.1g, 식용유 4.19g

가정용 / 4인분

재료

통조림 옥수수 8큰술, 게맛살 4줄, 풋고추 1개, 달걀 2개,
부침가루 6큰술, 소금 1/2작은술, 후춧가루 1/4작은술,
식용유 3큰술

1 옥수수는 체에 밭쳐 물기를 뺀다.
2 게맛살은 잘게 찢은 후 다진다.
3 고추는 세로로 반을 갈라 씨를 빼고, 가로세로 0.3cm
   크기로 썬다.
4 달걀에 부침가루를 넣어 골고루 섞는다.
5 4에 게맛살, 옥수수, 고추를 넣고 잘 섞은 뒤 소금과
   후춧가루로 간한다.
6 오븐용 코팅팬에 식용유를 바른 후 코팅팬 높이의 중간까지
   재료를 담은 후 반죽 위에 식용유를 한 번 더 바른다.
7 170℃로 예열한 오븐에 넣고 콤비모드(스팀+건열)로
   10분간 조리한다.

몸에 좋은 채소와 견과류를 더 맛있게 먹을 수 있는 방법

청경채만둣국과
견과류찹쌀파이 한상

{
청경채만둣국
두부해물철판구이
시래기간장볶음
수제고구마견과류찹쌀파이

각종 미네랄과 비타민, 섬유질이 풍부한 채소는 현대인의 식생활에서 가장 많이
챙겨 먹어야 할 영양 만점 식재료다. 미국에서는 국민 건강을 위해 1991년부터
매일 5접시 이상의 채소와 200g 이상의 과일을 먹어서 암, 심장병, 고혈압, 당뇨병
등 생활습관병의 위험을 감소시키자는 '5 A Day' 캠페인을 진행하고 있다.
우리나라도 채소와 과일의 색에 따라 함유하고 있는 영양 성분과 효능이 각각 다른
컬러 푸드에 대해 널리 알리며 균형 있는 식생활을 강조한다.
그러나 2012년 식품의약품안전처와 한국영양학회 공동 조사 결과에 따르면
우리나라 어린이의 80%가 채소 섭취량이 부족한 것으로 나타났다. 많은 아이들이
가장 싫어하는 식재료가 바로 채소이기 때문이다. 시금치를 많이 먹기 위해
'뽀빠이' 만화도 탄생했다지만, 특이한 향이나 식감 때문에 채소를 싫어하는
아이에게 몸에 좋다는 이유로 채소를 먹으라는 얘기는 거의 효과가 없다.
두뇌 발달에 좋은 필수지방산과 엽산 등이 풍부해 브레인 푸드로 불리는 호두 등의
견과류 역시 하루 한 줌의 섭취량을 권유하고 있지만, 아이들은 고소한 맛을
느끼기 전에 텁텁하다는 이유로 잘 먹으려고 하지 않는 식재료다.
이렇게 편식하는 식재료를 잘 먹게 만들기 위해서는 아이들이 좋아하는 메뉴인
만두·파이 등의 요리에 적극 활용하거나, 시래기의 섬유질을 설탕으로 연하게
만들고 달짝지근하게 양념하는 등 아이들이 좋아하는 맛으로 만들어 식재료에
대한 호감을 높이는 것이 좋은 방법이다.

청경채만둣국

단체급식용 / 10인분

재료

냉동 물만두 66.67g, 청경채 5g, 당근 3.83g, 다진 마늘 1.17g,
대파 1.33g, 국멸치 1.67g, 다시마 1.67g, 달걀 10g, 국간장 1g,
감자전분 4.17g, 소금 1.33g, 후춧가루 0.01g, 식용유 약간

가정용 / 4인분

재료

냉동 물만두 400g, 청경채 1개, 당근 1/4개, 다진 마늘 1/2큰술,
다진 대파 1/2큰술, 국멸치 10마리, 다시마(5×5cm) 2장,
달걀 2개, 국간장 1/2큰술, 감자전분 2큰술, 소금 1작은술,
후춧가루 1/4작은술, 물 6컵, 식용유 약간

Cooking Tip

국에 전분을 풀면 따뜻함을
오래 유지할 수 있어요.
걸쭉해졌을 때 계란을
넣고 저어요.

1 솥에 물을 붓고 국멸치, 다시마를 넣고 끓여 국물을
   우려낸다.

2 당근은 채 썰고, 대파는 총총 썰고, 청경채는 세로로 반을
   자른다.

3 팬에 식용유를 살짝 두르고 당근과 청경채를 넣고 볶는다.

4 1의 국물에 만두, 다진 마늘, 다진 대파, 국간장을 넣고
   끓이다가 만두가 익으면 물녹말을 넣어 농도를 맞춘다.

5 4에 곱게 푼 달걀을 넣고 한쪽 방향으로 돌려가며 익힌다.
   달걀이 실처럼 익으면 3의 당근과 청경채를 넣고
   소금과 후춧가루로 간한다.

두부해물철판구이

재료

두부 65g, 오징어 링 41.67g, 주꾸미 28.67g, 양파 8.33g,
풋고추 0.83g, 홍고추 0.33g, 실파 0.33g, 감자전분 4.5g,
식용유 1.31g

양념 : 양조간장 1.67g, 고춧가루 1.33g, 설탕 1g,
다진 마늘 0.83g, 청주 1.04g, 참기름 0.83g, 참깨 0.04g,
후춧가루 0.11g

재료

두부 1모, 오징어 링 200g, 주꾸미 200g, 양파 1/2개,
풋고추 1개, 홍고추 1개, 실파 2줄, 감자전분 1컵, 식용유 4큰술

양념 : 양조간장 1큰술, 고춧가루 1큰술, 설탕 1/2큰술,
다진 마늘 1/2큰술, 청주 1큰술, 참기름 1/2큰술, 참깨 1작은술,
후춧가루 1/4작은술

1 두부는 3×4×1cm 크기로 썰어 감자전분을 묻힌다.

2 오징어와 주꾸미는 끓는 물에 넣고 살짝 데친다.

3 양파는 2×2cm 크기로 사각썰기 하고, 실파는 4cm
   길이로 썬다. 풋고추와 홍고추는 어슷하게 썰어 씨를 뺀다.

4 분량의 양념 재료와 3의 절단한 채소, 오징어, 주꾸미를
   넣고 버무린다.

5 오븐용 코팅팬에 식용유를 바르고 1의 두부를 올린 후
   두부 위에 식용유를 발라 180℃로 예열한 오븐에 넣고
   건열모드로 10분간 굽는다.

6 구운 두부 위에 4의 재료를 올린 후 150℃로 예열한
   오븐에 넣고 건열모드에서 10분간 조리한 뒤
   실파를 올려낸다.

Cooking Tip

구운 두부 위에 양념한
해물구이를 올려서
내면 카나페 같은 분위기를
낼 수 있어요.

시래기간장볶음

재료

말린 시래기 2.5g, 설탕 0.5g, 들기름 0.2g, 식용유 0.5g,
참깨 0.01g

양념 : 국간장 0.5g, 설탕 0.2g, 다진 파 0.26g,
다진 마늘 0.17g, 소금 0.26g

재료

말린 시래기 60g, 설탕 1큰술, 들기름 2큰술, 식용유 1큰술,
참깨 1작은술

양념 : 국간장 1/2큰술, 설탕 2작은술, 다진 파 1/2큰술,
다진 마늘 1큰술, 소금 1/4작은술

Cooking Tip

시래기를 삶을 때
설탕을 약간 넣으면
시래기가 질긴 느낌 없이
부드럽고 연해져요.

1 솥에 물을 붓고, 시래기와 설탕을 넣고 2시간 정도 삶는다.
2 1의 시래기는 30% 정도의 수분만 남기고 물기를 짠 다음
   5cm 길이로 썬다.
3 분량의 재료를 골고루 섞어 양념장을 만든다.
4 3의 양념장을 시래기에 넣고 조물조물 무친다.
5 중간 불로 달군 팬에 식용유를 두른 후 4의 시래기를 넣고
   2분간 볶는다.
6 5에 물을 붓고 뚜껑을 덮은 뒤 약한 불에서 5분간 찐다.
7 뚜껑을 열고 들기름과 참깨를 넣고 센 불에서
   20초 정도 더 볶는다.

수제고구마
견과류찹쌀파이

재료

고구마 13.66g, 찹쌀가루 21.86g, 우유 24.59g,
베이킹파우더 0.55g, 소금 0.27g, 달걀 1.37g, 설탕 8.2g,
땅콩 1.37g, 아몬드 1.37g, 잣 1.23g, 건포도 1.37g, 식용유 약간

재료

고구마 100g, 찹쌀가루 260g, 우유 200ml,
베이킹파우더 1/2작은술, 소금 1/3작은술, 달걀 3큰술,
설탕 2큰술, 땅콩 1큰술, 아몬드 1큰술, 잣 1큰술,
건포도 1큰술, 식용유 약간

1 고구마는 깨끗하게 씻어 1×1cm 크기로 깍둑썰기 한다.
2 분량의 찹쌀가루와 베이킹파우더, 소금을 잘 섞어
   체에 곱게 내린다.
3 볼에 달걀, 우유, 설탕을 넣고 잘 젓는다.
4 3에 2의 가루를 넣어 섞은 후 고구마와 견과류를 넣고
   한 번 더 섞는다.
5 오븐용 코팅팬에 식용유를 살짝 바르고 팬 높이의 절반
   정도까지 4의 반죽을 붓는다.
6 165℃로 예열한 오븐에 넣고 건열모드에서 30분간 조리한다.

Cooking Tip

요리의 모양을 깔끔하게
살릴 수 있도록 오븐 코팅팬에
기름을 바르거나 종이호일을
사용해요.

콩의 영양 성분을 업그레이드한 청국장과 두부로 건강하게~

청국장찌개와
대파소스연두부 한상

청국장찌개
참치채소비빔밥
연두부 & 대파소스
생과일크레이프

요구르트와 함께 세계적 발효식품으로 각광받고 있는 낫토는 끈끈하게 생기는 실에 담긴
성분이 혈전 용해에 도움을 주어 심혈관 질환을 예방하고, 풍부한 식이섬유가 장 건강에
도움을 주는 음식으로 알려져 있다. 하지만 우리나라에도 낫토와 다름없는 청국장이
존재한다. 청국장은 삶은 콩에 볏짚을 넣어 자연 발효시키는 대신, 낫토는 청국장에서
분리해낸 낫토 균을 접종해 인공 발효시킨다는 점이 다르다. 따라서 낫토는 일정한 맛이
나지만, 청국장은 잡균의 작용에 의해서 경우에 따라 맛이 다르다는 차이가 있는데
최근에는 우리나라에서도 청국장 종균을 사용해서 일정하게 발효시키는 경우가 많다.
청국장은 바실러스 균이 풍부해 혈전 용해, 동맥경화 예방, 뇌졸중 예방 등에 효과가 있으며
섬유질 함유량이 많아 변비를 해소해주는 건강식품으로 손꼽는다.
식물성 단백질이 풍부해 '밭에서 나는 고기'라고 불리는 콩으로 만든 또 하나의 대표적 음식은
두부다. 우리 몸에 좋기로 이름난 콩의 소화흡수율이 50~60%밖에 되지 않는 것에 비해
두부는 90% 이상의 소화흡수율을 자랑한다. 콩의 좋은 성분만 모아 만든 두부를 세계에서
가장 많이 먹는 나라는 우리나라와 중국, 일본이다. 그러나 중국과 일본의 두부는 훨씬
종류가 다양하고 두부로 만든 음식 또한 헤아릴 수 없이 많은 데 비해 우리나라 두부는 크게
순두부, 모두부, 연두부, 유부 정도로만 나뉘어 판매되는 점이 조금 아쉽다.

청국장찌개

재료

국멸치 1.67g, 다시마 1.67g, 무 20g, 고춧가루 0.67g,
청국장 10g, 된장 3.33g, 배추김치(익은 것) 8.33g, 양파 6.67g,
대파 1.33g, 주키니호박 13.33g, 느타리버섯 6.67g, 풋고추 0.83g,
홍고추 0.67g, 두부 15g, 다진 마늘 0.83g, 소금 0.5g

재료

국멸치 10마리, 다시마(5×5cm) 1장, 무(지름10cm, 두께 2cm)
1/2토막, 쌀뜨물 5컵, 고춧가루 1/2큰술, 청국장 5큰술,
된장 1½큰술, 송송 썬 배추김치(익은 것) 1/2컵, 양파 1/4개,
대파(5cm) 1개, 주키니호박 1/3개, 느타리버섯 100g, 풋고추 1개,
홍고추 1개, 두부 1/4모, 다진 마늘 2작은술, 소금 1/2작은술

1 무는 나박썰기 해서 솥에 넣고 국멸치, 다시마, 물을 넣고
  10분간 끓인 후 국멸치는 건져 버리고, 다시마는 꺼내서
  1×3cm 크기로 썰어 솥에 넣는다.

2 1에 쌀뜨물을 붓고 고춧가루, 청국장, 된장을 넣고 잘 풀어
  팔팔 끓인다.

3 배추김치는 총총 썰고, 양파는 굵직하게 채 썬다.
  느타리버섯은 가닥으로 찢고, 주키니호박은 반달 모양으로
  썬다. 대파, 고추, 홍고추는 어슷하게 썰고, 고추는 씨를 뺀다.
  두부는 깍둑썰기 한다.

4 2의 국물이 끓어오르면 배추김치, 양파, 느타리버섯,
  주키니호박을 넣고 뭉근하게 끓인다.

5 4가 끓으면 불을 줄이고 대파, 풋고추, 홍고추, 두부,
  다진 마늘을 넣고 소금으로 간한 후 한소끔 더 끓인다.

Cooking Tip

밑국물을 만드는 데 사용한
다시마는 버리지 말고 절단해서
청국장에 넣어주세요.

참치채소비빔밥

단체급식용 / 10인량

재료

보리쌀 6.67g, 쌀(백미) 83.33g, 찹쌀 8.33g, 통조림 참치 33g,
상추 4.17g, 양배추 8.33g, 깻잎 3.33g, 적양배추 3.33g, 양파 10g,
백오이 13.33g, 당근 9.17g

양념 : 고추장 33.33g, 설탕 0.83g, 사이다 5g, 물엿 3.33g,
다진 마늘 1.17g, 참기름 0.67g, 참깨 0.33g, 실파 0.83g,
다시마 우린 물 3.3g

가정용 / 4인분

재료

밥 4공기, 통조림 참치 250g, 상추 5장, 양배추 4장, 깻잎 3장,
적양배추 1장, 양파 1/2개, 백오이 1/3개, 당근 1/4개

양념 : 고추장 6큰술, 설탕 1/2큰술, 사이다 3큰술,
다시마 우린 물 2큰술, 물엿 1/2큰술, 다진 마늘 1작은술,
참기름 1큰술, 참깨 1/2큰술, 실파 2줄

1 보리쌀, 쌀, 찹쌀을 넣어 밥을 짓는다.

2 실파는 총총 썰고, 깻잎은 돌돌 말아 채썬다.
 당근, 양배추, 적양배추, 상추, 양파, 백오이는 채 썬다.

3 채 썬 양파와 참치는 아무 것도 두르지 않은 팬에 넣고
 고슬고슬하게 볶는다.

4 다시마를 우린 물에 분량의 양념 재료를 섞어
 고추장 양념장을 만든다.

5 밥에 손질한 채소와 볶은 양파, 참치, 양념장을 올린다.

연두부 & 대파소스

단체급식용 / 10인량

재료

연두부 50g

소스 : 가츠오부시 장국 (또는 양조간장) 3g, 다진 대파 0.5g,
다진 마늘 0.3g, 참기름 0.2g, 참깨 0.1g, 물 1.5g

가정용 / 4인분

재료

연두부 1팩(350g)

소스 : 가츠오부시 장국 (또는 양조간장) 2큰술,
다진 대파 1/2큰술, 다진 마늘 1작은술, 참기름 1/2작은술,
참깨 1/2작은술, 물 1큰술

1 분량의 재료를 잘 섞어 대파소스를 만든다.
2 연두부는 오븐용 타공팬에 담아 예열한 오븐에 넣고
   스팀모드로 7분간 익힌다.
3 연두부에 대파소스를 곁들여 낸다.

Cooking Tip
가정에서 소량 조리 시에는
끓는 물에 연두부를
3초간 데쳐요.

생과일크레이프

단체급식용 / 10인량

재료

핫케이크 가루 10.31g, 우유 10.31g, 달걀 4.12g, 사과 12.37g,
파인애플 12.37g, 바나나 10.31g, 오렌지 10.31g, 키위 2.06g,
휘핑크림 4.12g, 설탕 0.82g, 슈가파우더 0.41g, 식용유 약간

가정용 / 4인분

재료

핫케이크 가루 100g, 우유 100ml, 달걀 1개, 사과 1/4개,
파인애플 50g, 바나나 1/2개, 오렌지 1/4개, 키위 1개,
휘핑크림 50ml, 설탕 1작은술, 슈가파우더 3작은술, 식용유 약간

Cooking Tip

크레이프 반죽은
핫케이크 가루와 우유를
동량으로 섞어서 묽은 반죽
정도로 준비해요.

1 볼에 달걀과 우유를 넣고 섞은 뒤 핫케이크 가루를 넣어
  멍울이 없을 정도로 골고루 섞는다.

2 키친타월에 식용유를 묻혀 오븐용 코팅팬에 바른 후
  1의 반죽을 얇게 편다.

3 170℃로 예열한 오븐에 넣고 건열모드로 5분간
  조리한 후 완성되면 꺼내 한 김 식힌다.

4 과일은 모두 작게 깍둑썰기 한다.

5 유리 볼에 휘핑크림을 넣고 거품기로
  휘핑해 크림이 어느 정도 단단해지면
  설탕을 넣는다.

6 3의 크레이프 위에 휘핑크림을 바르고,
  그 위에 과일을 올려 돌돌 말은 후
  한 입 크기로 자른다. 크레이프 위에
  고운 체를 이용해 슈가파우더를
  뿌린다.

생선구이는 감자조림과, 채소샐러드는 꼬마만두와 곁들여서~

가자미감자조림과 꼬마만두샐러드 한상

{
고추장얼큰수제비
가자미감자조림
초간편 뼈없는찜닭
만두샐러드 & 씨겨자소스

가자미는 다른 생선에 비해 단백질이 훨씬 많고 비타민 B_1, B_2가 풍부하다.
비타민 B_1은 뇌와 신경에 필요한 에너지를 공급해 뇌 활성화를 통한
스트레스 해소와 근육 활동을 돕고, 비타민 B_2는 염증 완화와
피부 질환 개선을 돕는다. 또 풍부한 필수아미노산과
불포화지방산은 골다공증, 지방간, 동맥경화 예방에 효과적이다.
예로부터 중국은 우리나라를 '접역'이라는 별칭으로 부르기도 했는데
이는 가자미가 많은 땅이라는 뜻이다. 가자미가 나라를 칭하는데
등장한 이유는 눈이 한 쪽으로 몰려 짝을 이뤘으니 앞으로 잘 나갈 수
있다고, 즉 화합과 신뢰를 상징한다고 생각했기 때문이다.
어쨌든 많은 덕분에 흔하다 보니 별로 대접받는 생선은 아니었고
적당히 말려서 구워 먹거나 조려 먹는 정도였다. 하지만 10여 년 전부터
가자미물회나 세꼬시 등이 인기를 끌면서 쫄깃한 식감이 광어보다 더 우수하다는 평을
듣게 되었고, 이제는 고급 어종으로 부각되어 미식가에게 사랑을 받고 있다.
사실 봄에 맛있기로 유명한 도다리도 가자미의 일종이다. '좌광우도'라 하여 두 눈이
왼쪽으로 몰려 있는 광어와 오른쪽으로 몰려 있는 도다리를 구분하는데,
가자미 역시 도다리처럼 눈이 오른쪽으로 몰려 있다. 가자미는 흰 살 생선이라
맛이 담백하고 깔끔해서 비린내가 적고 소화도 잘 되지만, 아이들이 생선이라는 편견 때문에
손대길 꺼린다면 짭조름하게 조린 감자를 얹어 입에서 살살 녹는 요리를 만들어보자.

고추장얼큰수제비

재료

국멸치 1.67g, 다시마 1.67g, 대파(푸른 부분) 1.67g,
애호박 10g, 양파 7.5g, 느타리버섯 4.17g, 대파(흰 부분) 1.66g,
청양고추 0.95g, 다진 마늘 1.33g, 밀가루 11.67g, 감자전분 1.67g,
고추장 9.17g, 된장 1.33g, 국간장 0.83g, 소금 0.83g,
찬물 5.83g, 식용유 약간

재료

국멸치 20마리, 다시마(5×5cm) 2장, 대파(푸른 부분 8cm) 1개,
애호박 1/2개, 양파 1/2개, 느타리버섯 100g,
대파(흰 부분 5cm) 1개, 청양고추 1개, 다진 마늘 1큰술,
밀가루 3컵, 감자전분 1큰술, 고추장 6큰술, 된장 3작은술,
국간장 2큰술, 소금 1작은술, 찬물 1컵, 식용유 약간

1 솥에 물을 붓고 국멸치, 다시마, 대파(푸른 부분)를 넣고
끓이다가 국물이 끓으면 다시마를 건져내고 약한 불에서
10분간 더 끓인 다음 나머지 재료도 고운 체로 걸러낸다.

2 애호박은 0.5cm 두께로 반달 모양으로 썰고, 양파는 0.5cm
두께로 채 썰고, 대파(흰 부분)와 청양고추는 어슷하게 썬다.
느타리버섯은 잘게 찢는다.

3 밀가루에 감자전분, 찬물, 소금을 넣고 잘 치댄 후 비닐에
싸서 냉장고에 넣고 15분간 둔다.

4 휴지한 반죽을 꺼내 식용유를 발라가며 밀대로 편 후
끓는 물에 먹기 좋은 크기로 떼어 넣는다. 수제비 반죽이
익으면 꺼내 찬물에 헹군다.

5 1의 국물에 고추장과 된장을 풀어 한소끔 끓이다가 국물이
끓어오르면 중약 불로 줄인 다음 애호박과 양파를 넣고
센 불에서 5분간 더 끓인다.

6 5에 느타리버섯, 대파(흰 부분), 청양고추, 다진 마늘,
수제비를 넣고, 국간장과 소금으로 간한다.

Cooking Tip
수제비 반죽에 감자전분을
섞으면 투명하고 쫀득한
수제비를 만들 수 있어요.

가자미감자조림

단체급식용 / 10인량

재료

가자미 58.33g, 감자 30g, 풋고추 0.5g, 청양고추 0.65g,
양조간장 3.83g, 설탕 1.67g, 감자전분 4.17g, 소금 0.26g,
후춧가루 0.05g, 식용유 2.5g

가정용 / 4인분

재료

가자미 2마리, 감자 1개, 풋고추 1개, 청양고추 1/2개,
양조간장 3큰술, 설탕 3큰술, 감자전분 2큰술, 소금 1작은술,
후춧가루 1/4작은술, 식용유 2큰술

1 가자미는 흐르는 물에 해동해 물기를 제거하고 소금,
   후춧가루로 간한 뒤 감자전분을 묻혀 전분이 가자미에
   흡수될 때까지 그대로 둔다.

2 감자는 가로세로 1.5cm 크기로 깍둑썰기 하고 풋고추,
   청양고추는 0.5cm 두께로 송송 썬다.

3 1의 가자미에 식용유를 바른 후 오븐용 코팅팬에
   비늘이 위로 가도록 올리고 180℃로 예열한 오븐에 넣은
   다음 건열모드로 15분간 조리한다.

4 감자는 식용유에 버무려 170℃로 예열한 오븐에 넣고
   건열모드로 15분간 조리한다.

5 냄비에 간장, 설탕, 간장과 동량의 물을 넣고 중간 불에서
   양념이 반으로 줄어들 때까지 끓이면서 졸인다.

6 5에 감자를 넣고 버무린 후 구운 가자미 위에 올려
   다시 오븐에 넣고 160℃에서 건열모드로 8분간 조리한다.

Cooking Tip

가자미 위에 곁들이는
양념은 익힌 감자를 넣어
투명하고 걸쭉해질 정도로
조려주세요.

Cooking Tip
팬에 불린 당면을
먼저 놓고 그 위에 양념한
재료를 올리면 당면에
맛있는 양념이 스며들어요.

초간편 뼈없는찜닭

단체급식용 / 10인량

재료
닭다릿살 110.97g, 넓적 당면 7.83g, 감자 15.67g, 당근 5.22g,
양파 7.83g, 오이 3.92g, 시금치 2.61g, 청양고추 1g, 춘장 2.5g
양념장 : 양조간장 3.92g, 올리고당 5.22g, 설탕 0.91g,
다진 마늘 1.96g, 생강즙 0.91g, 말린 홍고추 0.25g,
고추기름 2.61g, 청주 1.96, 참깨 0.03g

가정용 / 4인분

재료
닭다릿살 600g, 넓적 당면 70g, 감자 1개, 당근 1/2개, 양파 1개,
오이 1/3개, 시금치 50g, 청양고추 2개, 춘장 1큰술
양념장 : 양조간장 5큰술, 올리고당 4큰술, 설탕 1큰술,
다진 마늘 2큰술, 생강즙 1작은술, 말린 홍고추 1개,
고추기름 2큰술, 청주 3큰술, 참깨 1큰술

1 당면은 미지근한 물에 1시간 정도 담가 불린다.

2 감자, 양파, 오이는 1cm 두께로 둥글게 슬라이스 하고,
   당근은 어슷하게 썬다. 시금치는 4cm 길이로 썬다.

3 솥에 물을 붓고 청양고추와 닭다릿살을 넣고 살짝 데쳐
   기름기를 제거한다.

4 3의 닭다릿살은 춘장을 넣어 버무린 후 시금치를 제외한
   모든 채소를 넣고 다시 버무려 30분 정도 재운다.

5 1의 당면을 오븐 일반팬 바닥에 깔고 그 위에 4를 올린 후
   덮개를 덮어 145℃로 예열한 오븐에 넣고 35분간 조리한다.
   조리 직후 시금치를 넣어 살짝 버무린다.

Cooking Tip

소스는 식감과 시각에
재미를 줄 수 있도록 씨겨자를
넣어서 만들어요.

만두샐러드 & 씨겨자소스

단체급식용 / 10인량

재료
꼬마만두 48.39g, 양상추 22.58g, 래디치오 1.29g, 상추 3.23g,
베이비채소 1.72g, 래디시 0.61g, 식용유 약간

소스 : 마요네즈 6.45g, 플레인요구르트 5.16g, 휘핑크림 3.23g,
씨겨자 2.71g, 설탕 0.97g

가정용 / 4인분

재료
꼬마만두 200g, 샐러드용 채소 200g, 식용유 약간

소스 : 마요네즈 6큰술, 플레인요구르트 5큰술, 휘핑크림 3큰술,
씨겨자 1큰술, 설탕 1큰술

1 샐러드 채소는 먹기 좋은 크기로 자른다.
2 분량의 재료를 잘 섞어 소스를 만든 후 배식 전까지
   냉장 보관한다.
3 만두는 식용유에 버무려 오븐용 코팅팬에 담은 후 180℃로
   예열한 오븐에 넣고 건열모드에서 12분간 조리한다.
4 샐러드 채소와 구운 만두를 소스와 함께 곁들인다.

등 푸른 생선, 섬초, 견과류… 두뇌에 좋은 브레인 푸드가 듬뿍

삼치마요네즈구이와
섬초겉절이 한상

{
김치닭매운탕
삼치마요네즈구이
섬초겉절이
크랜베리견과류볶음
}

삼치는 고등엇과에 속하는 등 푸른 생선이지만 몸집이 더 크고 길며
겨울에서 봄까지 특히 맛이 좋다. 흔히 고등어처럼 구이 또는 조림으로
많이 먹지만, 싱싱한 삼치 회는 이가 아니라 혀로 먹는다는 말이 있을 만큼
부드러우면서도 담백한 맛이 특징이다.

삼치는 고등어보다 지방, 칼로리, 알레르기 유발 물질인 히스티딘 함량은
1/2 정도로 적지만 뼈 조성에 도움을 주는 비타민 D는 2배 정도 많다.
또 칼슘은 물론 타우린이 풍부해 피소 해소에도 좋다. 삼치에는 비타민 B₂와
나이아신이 많으며, 곡류에 부족한 아미노산이 풍부해 밥반찬으로 그만이다.
특히 고단백질과 오메가3 지방산이 듬뿍 들어 있어 성장기 어린이의
두뇌 개발에 도움을 주는 브레인 푸드로 손꼽는다.

등 푸른 생선치고 비린 맛이 적은 편이라 많은 사람이 좋아하지만,
그래도 비린내에 거부감이 클 때는 된장을 사용해보자. 된장의 성분에는
비린내를 흡수하는 효과가 있는데, 된장에 마요네즈를 더해서 삼치에 발라주면
비린내는 잡으면서 더욱 부드럽고 고소한 맛을 내주기 때문에 아이들의 입맛을
충분히 사로잡을 수 있다.

그밖에 비타민 C와 플라보노이드 성분이 뇌세포의 노화를 막아주는 시금치,
비타민 E와 불포화지방산이 풍부해 뇌 기능을 높여주는 견과류까지 골고루
곁들이면 두뇌 건강을 위한 밥상으로 더할 나위 없다.

김치닭매운탕

단체급식용 / 10인분

재료

닭고기 29.17g, 배추김치(익은 것) 25g, 떡국용 떡 13.33g,
무 13.33g, 양파 11.67g, 감자 11.67g, 주키니호박 8.33g,
청양고추 3.33g, 당근 1.33g, 풋고추 3.33g, 월계수잎 0.09g,
통마늘 1.67g, 통생강 1.67g, 청주 2.33g, 고춧가루 1.67g,
고추장 3.33g, 다진 마늘 1.33g, 소금 1g, 후춧가루 0.06g,
쑥갓 1.67g, 대파 1.67g

가정용 / 4인분

재료

통닭 1마리(1kg), 배추김치(익은 것) 2컵, 떡국용 떡 1컵,
무(지름 10cm, 두께 2cm) 1토막, 양파 1개, 감자 1개,
주키니호박 1/2개, 청양고추 2개, 당근 1/3개, 풋고추 2개,
월계수잎 5장, 통마늘 8쪽, 통생강 2톨, 청주 2큰술,
고춧가루 1큰술, 고추장 3큰술, 다진 마늘 1큰술, 소금 1작은술,
후춧가루 1/4작은술, 쑥갓 3뿌리, 대파(5cm) 1개

1 솥에 닭고기, 통마늘, 통생강, 청양고추, 월계수잎, 청주를
   넣고 30분 이상 끓인 후 닭고기는 건져 뼈를 제거하고 살을
   발라내 따로 둔다. 육수만 남기고 나머지 재료는 버린다.

2 배추김치는 2cm 간격으로 썰고 당근, 무는 나박썰기 하고,
   양파는 사각썰기 한다. 감자와 주키니호박은 반달 모양으로
   썬다.

3 팬에 배추김치, 고춧가루, 고추장과 물을 약간 넣고 볶는다.

4 1의 육수에 닭고기 살, 가래떡, 2의 채소와 배추김치,
   다진 마늘, 소금, 후춧가루를 넣고 끓인다.

5 채소가 익으면 쑥갓, 어슷하게 썬 풋고추, 대파를 넣는다.

삼치마요네즈구이

재료

삼치 58.33g, 소금 0.26g, 청주 0.83g, 후춧가루 0.1g,
식용유 1.67g

소스 : 마요네즈 8.33g, 대파 1.67g, 된장 0.83g,
생강즙 0.83g, 양조간장 1.67g, 설탕 1.17g

가정용 / 4인분

재료

삼치 1마리(4토막), 소금 1/2작은술, 청주 2큰술,
후춧가루 1/4작은술, 식용유 2큰술

소스 : 마요네즈 2큰술, 된장 1작은술, 양조간장 1작은술,
다진 대파 1큰술, 생강즙 1작은술, 설탕 1/2작은술

Cooking Tip

생선구이용 소스에는
비린맛을 잡는 된장을 활용하세요.
된장은 곱게 으깨서
마요네즈에 혼합해요.

1 삼치는 깨끗하게 세척해 물기를 제거한 후 소금, 청주,
   후춧가루를 뿌려 재운다.

2 대파는 세로로 반을 갈라 잘게 다지고, 된장은 곱게 으깬다.

3 분량의 재료를 골고루 섞어 소스를 만든다.

4 삼치 앞뒤로 식용유를 바르고 오븐용 코팅팬에 올린 뒤
   180℃로 예열한 오븐에 넣고 건열모드로 18분간 굽는다.

5 구워진 삼치 위에 3의 소스를 바른 후 160℃로 예열한
   오븐에 넣고 8분간 조리한다.

섬초겉절이

재료
시금치 6.67g, 실파 0.17g
양념 : 고추장 1g, 고춧가루 1g, 멸치액젓 1g, 국간장 0.25g,
다진 마늘 0.33g, 설탕 0.16g, 참기름 0.25g, 소금 0.17g,
참깨 0.01g

재료
시금치 1줌(200g), 실파 2줄
양념 : 고추장 2큰술, 고춧가루 2큰술, 멸치액젓 1½큰술,
국간장 2작은술, 다진 마늘 1/2큰술, 설탕 2작은술,
참기름 2작은술, 소금 1작은술, 참깨 1작은술

1 시금치는 4cm 길이로 자르고, 실파는 송송 썬다.
2 분량의 재료를 골고루 섞어 양념장을 만든다.
3 배식 직전에 시금치에 양념장을 넣고 버무린 후
  실파를 뿌려준다.

Cooking Tip
단체급식에서는 식중독 위험을
줄이기 위해 생으로 먹는 채소는
조리하기 전 소독해주세요.

크랜베리견과류볶음

단체급식용 / 1인분

재료
모둠 견과류 13.33g, 건크랜베리 1.58g, 유자청 1.33g

가정용 / 4인분

재료
모둠 견과류 2컵, 건크랜베리 1큰술, 유자청 1큰술

1 기름을 두르지 않은 팬을 예열한 후
    모둠 견과류를 넣고 30초간 볶아 식힌다.
2 1에 크랜베리와 유자청을 넣고 골고루 섞는다.

Cooking Tip
불을 끈 뒤 유자청을 넣고
버무리고 넓게 펼쳐 식혀야
재료가 덩어리지지 않아요.

영양 가득 버섯은 고기와 함께 볶고, 새콤한 무침 요리로 입맛을 돋우는

오리고기버섯볶음과
들깨미역국 한상

{ 황태들깨미역국
오리로스버섯채소볶음
새콤한 미나리무침
셀러리초절임

버섯은 봄부터 가을에 걸쳐 나무 아래 낙엽 밑 등 그늘지고
습한 곳에서 자라기 때문에 예전에는 가을을 대표하는
먹을거리였지만, 요즘은 하우스 재배로 일 년 내내 먹을 수
있다. 지구상에 500종이 넘는 버섯 중에서 식용이나
약용으로 쓰이는 것은 80가지 정도. 우리나라에서 가장 많이
생산하는 느타리버섯, 감칠맛이 뛰어나 육수를 낼 때 빠지지
않는 표고버섯, 푸짐하고 크기가 커서 요리 재료로 활용하기 좋은
새송이버섯, 저렴한 가격에 식감이 아삭해 많은 요리에 감초 역할을 하는
팽이버섯 등 우리가 평소 자주 사용하는 버섯 종류만도 다양하다.
감칠맛을 내는 핵산의 일종인 구아닐산이 풍부해 음식의 맛을 풍성하게 만들어주는 버섯은 그에
못지않게 영양도 풍부하다. 비타민 A를 제외한 대부분의 비타민과
무기질이 골고루 들어 있는데 비타민 B_2과 철분은 혈액을 맑게 하고 혈액순환을 도우며,
풍부한 비타민 D는 뼈 건강에 좋다. 또 버섯은 고혈압과 동맥경화를 예방하는 효능이 있으며,
암 발생을 억제하고 성인병 예방에 효과적이다.
씹는 맛이 고기와 비슷하다는 이유로 고기만 편식하는 아이도 버섯은 좋아하는 경우가 많은데,
아이들이 좋아하는 고기 요리를 할 때 버섯을 곁들이면 맛은 물론 영양적으로도 궁합이 잘 맞는다.
게다가 버섯은 다른 식품에 비해 많이 먹어도 살이 찌지 않는 저칼로리 다이어트 식품이어서
식단의 균형을 맞추는 데도 도움이 된다.

황태들깨미역국

재료

황태 1.3g, 미역 1.33g, 거피 들깻가루 2.5g, 국멸치 1.67g, 다시마 1.67g, 다진 마늘 1.17g, 국간장 1.17g, 들기름 0.67g, 소금 0.67g

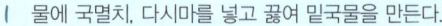

재료

황태 30g, 미역 25g, 거피 들깻가루 3큰술, 국멸치 10마리, 다시마(5×5cm) 2장, 다진 마늘 1큰술, 국간장 2큰술, 들기름 1큰술, 소금 1작은술, 물 7컵

1 물에 국멸치, 다시마를 넣고 끓여 밑국물을 만든다.
2 황태와 미역은 물에 담가 불린 후 국솥에 들기름, 다진 마늘, 소금을 넣고 함께 볶는다.
3 미역과 황태가 충분히 볶아지면 1의 밑국물을 붓고 한소끔 끓인다.
4 3의 국물이 충분히 우러나면 들깻가루를 넣고 국간장으로 간한다.

Cooking Tip
불린 황태와 미역을 들기름에 충분히 볶아서 조리해야 국물 맛이 진하게 우러나요.

오리로스버섯채소볶음

재료

오리 정육 슬라이스 83.33g, 감자 15g, 양파 13.33g,
애느타리버섯 6.67g, 부추 5g, 통마늘 5g, 청주 1.67g,
통계피 0.5g, 후춧가루 0.65g, 식용유 약간

소스 : 양조간장 2.5g, 매실액 1.67g, 다진 마늘 1.66g,
설탕 0.83g, 참기름 0.67g

재료

오리 정육 슬라이스 400g, 감자(중간 크기) 1개, 양파 1개,
애느타리버섯 100g, 부추 1/2줌, 통마늘 1컵, 청주 4큰술,
통계피(2cm) 1개, 후춧가루 1작은술, 식용유 약간

소스 : 양조간장 3큰술, 매실액 2큰술, 다진 마늘 2큰술,
설탕 1큰술, 참기름 1큰술

1. 오리고기는 통계피와 함께 끓는 물에 넣고 3분간
   삶은 후 건져 청주, 후춧가루를 뿌린 다음 180℃로 예열한
   오븐에 넣고 건열모드로 15분간 굽는다.
2. 감자는 반달 모양으로 썬 후 통마늘과 함께 식용유에 버무려
   170℃로 예열한 오븐에 넣고 건열모드로 10분간 굽는다.
3. 양파는 사각썰기 하고, 애느타리버섯은 결대로 찢어
   각각 따로 살짝 볶는다. 부추는 4cm 길이로 썬다.
4. 냄비에 양념 재료를 섞어 넣은 후 끓여 소스를 만든다.
5. 통마늘, 감자, 양파, 애느타리버섯, 오리 로스에 소스를 넣고
   골고루 버무린다.
6. 5에 부추를 넣어 섞는다.

Cooking Tip

오리고기를 삶을 때
계피를 넣으면 잡내를
없앨 수 있어요.

새콤한 미나리무침

단체급식용 / 10인량

재료

미나리 5.47g, 실파 0.17g

양념 : 매실액 0.83g, 고춧가루 0.83g, 황설탕 0.33g,
2배 사과식초 0.3g, 양조간장 0.17g, 다진 마늘 0.5g,
소금 0.13g, 참깨 0.13g, 참기름 0.2g

가정풍 / 4인분

재료

미나리 80g, 실파 2줄

양념 : 매실액 1큰술, 고춧가루 2큰술, 황설탕 1작은술,
2배 사과식초 1큰술, 양조간장 1큰술, 다진 마늘 1큰술,
소금 1/2작은술, 참깨 1작은술, 참기름 1½작은술

1 미나리와 실파는 4cm 길이로 썬다.
2 분량의 재료를 섞어 양념장을 만든다.
3 배식 전에 미나리와 실파에 양념장을 넣고 버무린다.

Cooking Tip

고춧가루가 들어가는 양념에
수분 있는 재료를 혼합한 다음
하루 정도 숙성하면
깊은 맛이 나요.

셀러리초절임

재료

셀러리 8.8g, 청양고추 0.63g, 레몬 0.83g, 통마늘 1.67g,
설탕 1.67g, 다시마 0.5g, 소금 0.5g

초절임물 : 물 10g, 양조간장 6.67g, 매실액 6.67g,
2배 사과식초 3.33g

재료

셀러리 1단(500g), 청양고추 2개, 레몬 1/2개,
통마늘 1/2컵, 설탕 1큰술, 다시마(5×5cm) 2장, 소금 1큰술

초절임물 : 물 3컵, 양조간장 2컵, 매실액 2컵,
2배 사과식초 1컵

1 셀러리는 줄기의 섬유질을 제거한 후 잎을 포함해
　 5cm 길이로 썬다.
2 레몬은 길게 4등분한다.
3 냄비에 초절임물과 통마늘, 설탕, 다시마, 소금, 레몬을 넣고
　 끓인다.
4 용기는 열탕 소독한 뒤 물기를 제거한다.
5 4의 용기에 셀러리, 청양고추를 담은 후 3의 초절임물을
　 붓고 뚜껑을 닫는다. 반나절 정도 실온에서 절인 후
　 냉장고에서 하루 정도 더 절인다.

Cooking Tip

초절임물의 비율은
2배 식초 : 간장 : 물 : 매실액
= 0.5 : 1 : 1.5 : 1이에요.

스프 속에 단호박, 수제 떡갈비 속에 채소가 살짝 숨어 있는

수제 떡갈비와
단호박크림스프 한상

{
단호박크림수프
수제떡갈비 & 마늘소스
마늘향웨지감자
토마토치즈카프레세

밥상 위 음식에서 당근 등 채소를 쏙쏙 골라내거나 심한 경우 채소라고는
입에 대지 않는 아이가 제법 많다. 이런 편식 습관은 쉽게 교정하기 어려우며
성인이 되어서까지 이어지는 경우가 많다. 아이들이 편식을 하는 이유는
새로운 것에 대한 두려움(네오포비아) 때문이라고 한다. 특히 우유를 떼고
다양한 음식을 접하는 만 3~4세 시기 아이들에게서 채소에 대한 두려움이
강하게 나타나는데, 이런 푸드 네오포비아는 채소를 자주 접하고 친숙하게
느끼는 과정을 통해 자연스럽게 사라진다. 아이가 싫어한다고 채소를
멀리하거나, 반대로 강압적으로 먹여서는 안 된다. 아이들의 편식을
교정하기 위해서는 단계적으로 음식을 노출시키는 '푸드 브리지'가 필요하다.
'푸드 브리지'는 같은 재료를 단계별로 다양한 음식의 형태로 접하게
함으로써 싫어하는 음식을 친숙하게 만드는 방법이다. 놀이 등을 통해
싫어하는 재료와 시각적으로 친숙해지는 1단계, 싫어하는 재료로 만든 다른
형태의 음식으로 호감을 자극하는 2단계, 좋아하는 다른 재료에 싫어하는
재료를 조금 섞은 음식을 만들어서 그 재료를 골라내지 않게 하는 3단계,
다른 재료와 섞되 싫어하는 재료 본연의 맛을 조금씩 느낄 수 있게 하는
4단계로 진행하면 자연스럽게 편식을 개선할 수 있다.
이에 따라 아이들이 싫어하는 채소와 두부를 고기와 혼합하여 부드러운
스테이크를 만들거나, 찐 단호박을 갈아 넣은 고소한 크림 스프를 만들면
아이들도 안 먹고는 못 배길 것이다.

단호박크림수프

단체급식용 / 10인량

재료

단호박 23g, 우유 25g, 생크림 13.33g, 크림수프 분말 10g,
설탕 1.67g, 소금 1g, 파슬리 가루 0.1g

가정용 / 4인분

재료

단호박 300g, 우유 400ml, 생크림 200ml, 크림수프 분말 100g,
설탕 1큰술, 소금 1작은술, 파슬리 가루 1작은술

1 단호박은 껍질을 벗긴 후 100℃로 예열한 오븐에 넣고
   스팀모드로 10분간 찐다.
2 찐 단호박(전체 중량의 1/2)은 우유(전체 중량의 1/2)를 넣고
   믹서에 간다.
3 찬물에 크림수프 분말을 잘 푼 다음 냄비에 넣고, 남은
   우유와 생크림을 더 넣은 후 약한 불에서 저어가며 끓인다.
4 3의 수프가 걸쭉해지면 나머지 단호박과 2를 넣고
   설탕과 소금으로 간한 후 약한 불에서 10분간 더 끓인다.
5 마지막으로 파슬리 가루를 올려 완성한다.

Cooking Tip

우유와 찐 단호박을
함께 갈아 넣어야 단호박의 맛을
전체적으로 고르게
느낄 수 있어요.

Cooking Tip

반죽에 볶은 채소를 넣으면
요리에 풍미를 높이면서
채소의 수분을
미리 제거할 수 있어요.

수제떡갈비 & 마늘소스

단체급식용 / 10인량

재료

다진 돼지고기 83.33g, 조랭이떡 13g, 양파 2.5g, 당근 1.67g,
셀러리 0.88g, 대파 0.5g, 달걀 5g, 빵가루 6.67g, 청주 2.33g,
다진 마늘 2.2g, 생강즙 1g, 올리브유 0.52g, 소금 0.2g,
후춧가루 0.11g

소스 : 토마토케첩 10g, 양조간장 3g, 고추장 1.6g,
다진 마늘 1.5g, 물엿 1.5g, 레드와인(또는 청주) 3g,
후춧가루 0.06g, 물 3.3g

가정용 / 4인분

재료

다진 돼지고기 300g, 조랭이떡 8개, 양파 1/2개, 당근 1/3개,
셀러리(4cm) 1개, 대파(5cm) 1개, 달걀 1개, 빵가루 1컵,
청주 2큰술, 다진 마늘 1/2큰술, 생강즙 1작은술, 올리브유 2큰술,
소금 1작은술, 후춧가루 1/2작은술

소스 : 토마토케첩 2½큰술, 양조간장 2½큰술,
고추장 1/2큰술, 다진 마늘 1큰술, 물엿 1큰술,
레드와인(또는 청주) 2½큰술, 후춧가루 1/8작은술, 물 2큰술

1 양파, 당근, 셀러리, 대파는 곱게 다진 후 볶는다.

2 다진 돼지고기에 청주, 소금, 후춧가루, 다진 마늘, 생강즙,
달걀, 빵가루, 1의 다진 채소를 넣고 반죽한다.
이때 공기가 빠지도록 충분히 치댄다.

3 손에 올리브유를 살짝 바른 후 3의 반죽을 떼어
동글납작하게 모양을 빚는다.

4 오븐용 코팅팬에 4를 올린 후 위에 조랭이떡을 하나씩
올린 뒤 180℃로 예열한 오븐에 넣고 18분간 조리한다.

5 마늘 소스는 냄비에 살짝 기름을 두른 후 마늘을 넣고
먼저 볶다가 나머지 소스 재료를 넣고 중간 불에서
걸쭉해질 때까지 저어가면서 끓인다.

마늘향웨지감자

단체급식용 / 10인량

재료

감자 66.66g, 버터 7.5g, 파르메산 치즈 가루 3.33g,
마늘 분말 0.67g, 파슬리 가루 0.1g

가정용 / 4인분

재료

감자(중간 크기) 3개, 버터 6큰술, 파르메산 치즈 가루 3큰술,
마늘 분말(또는 다진 마늘) 1큰술, 파슬리 가루 1작은술

Cooking Tip

감자는 보기에도 좋고
구수한 풍미를 느낄 수 있도록
깨끗이 세척해
껍질째 사용해요.

1 감자는 깨끗이 씻은 후 크기에 따라 길게 6~8등분 해
   오븐 타공팬에 담는다.

2 1을 100℃로 예열한 오븐에 넣고 스팀모드로 10분간 삶는다.
   이때 감자는 80%만 익힌다.

3 버터는 중탕으로 녹인 후 파르메산 치즈 가루,
   마늘 분말을 넣고 잘 섞는다.

4 2의 감자에 3을 넣고 골고루 버무린 후 오븐용
   코팅팬에 담아 210℃로 예열한 오븐에 넣고
   건열모드로 12분간 조리한다.

5 완성된 웨지감자 위에 파슬리 가루를 뿌려
   완성한다.

Cooking Tip

토마토는 통으로 썰기보다
한 입에 먹기 좋게 반달 모양으로
슬라이스해요.

토마토치즈카프레세

단체급식용 / 10g량

재료

찰토마토 20g, 생 모차렐라 치즈 10g, 샐러드용 채소 14g,
발사믹크림소스 0.7g

가정용 / 4인분

재료

찰토마토 1개, 생 모차렐라 치즈 80g, 샐러드용 채소 100g,
발사믹크림소스 1큰술

1 찰토마토는 반달 모양으로 슬라이스 한다.
2 접시에 샐러드용 채소를 얇게 올린 후
   그 위에 토마토와 생 모차렐라 치즈를 번갈아 올린다.
3 2 위에 발사믹크림소스를 지그재그로 뿌린다.

영양이 우수한 해물 듬뿍 넣고 아이들이 좋아하는 우동볶음 요리를~

해물우동볶음과 누룽지백숙 한상

{
누룽지백숙
해물볶음우동
애느타리파프리카무침
깻잎찜
}

해양수산부 발표에 따르면 2015년 기준 우리나라 1인당 수산물 소비량은
세계 1위라고 한다. 하지만 해물을 좋아하는 건 아무래도 젊은 세대보다는
나이 든 세대다. 아이들은 특유의 비린내가 있거나 먹기가 번거롭다는
이유로 해물을 꺼리는 경우가 많다. 1970년대에 비해 수산물 소비량이
2~3배 증가했다지만, 육류 소비량의 경우 9배나 증가한 것을 볼 때
앞으로도 젊은 세대의 입맛은 육류를 더 선호할 것이라는 사실을 쉽게
짐작할 수 있다. 그래서인지 학교급식에서의 수산물 선호도 역시 매우 낮다.
그러나 수산물은 단백질, 칼슘, DHA 등 우리 몸에 필요한 많은 영양 성분을
함유하고 있다. 특히 삼면이 바다로 둘러싸인 우리나라는 식생활과
수산물의 관계를 떼려야 뗄 수 없는 상황이다. 모든 생명의 원천인 바다는
영양 가득한 먹을거리를 우리 식탁에 선물하고 있다.
아쉬운 점은 최근 수산물의 안전성에 대한 우려가 있다는 점이다. 수산물
이력제를 통해 소비자가 해당 수산물에 대한 정보를 확인할 수 있지만,
국내산에 대해서만 적용하기 때문에 점차 증가하는 수입산에 대해서는 좀 더
꼼꼼하게 확인할 필요가 있다.
영양 만점인 수산물에 대한 젊은 세대의 호감을 높이기 위해서 가장 필요한
것은 다양한 레시피 개발이다. 아이들이 좋아하는 메뉴, 아이들 입맛에 맞는
소스 등을 고려한다면 해물의 맛과 영양을 고스란히 식탁에 올리고
환영 받을 수 있을 것이다.

누룽지백숙

단체급식용 / 10인량

재료

누룽지용 백미 8.3g, 누룽지용 찹쌀 8.3g, 백숙용 백미 6.5g,
백숙용 찹쌀 6.5g, 통닭 39.16g, 건 대추 0.22g,
말린 황기 1.31g, 통마늘(육수용) 1.5g, 통생강 1.31g, 통양파 3.92g,
깐 밤 3.92g, 통마늘 2.61g, 찹쌀가루 3.92g, 대파 2.61g,
소금 1.04g, 후춧가루 0.08g

가정용 / 4인분

재료

누룽지용 백미 1컵, 누룽지용 찹쌀 1컵, 백숙용 백미 1컵,
백숙용 찹쌀 1컵, 통닭 1kg, 건 대추 6개, 말린 황기 2~3뿌리,
통마늘(육수용) 1컵, 통생강 2톨, 통양파 1개, 깐 밤 8개,
통마늘 1/2컵, 찹쌀가루 1/2컵, 대파(10cm) 1개, 소금 1큰술,
후춧가루 1작은술

Cooking Tip

누룽지를 만들 때는 누룽지가
되기 전에 타지 않도록
밥에 물을 섞어 촉촉하게
만들어요.

1 누룽지용 백미와 찹쌀은 잘 섞어 물에 20분간 불린 후
   밥을 짓는다.

2 1의 찹쌀밥에 물을 촉촉하게 넣어 잘 섞어 오븐용 코팅팬에
   넓게 편 후 210℃로 예열한 오븐에 넣고 건열에서
   20분간 조리해 누룽지를 만든다(시판용 누룽지
   사용 가능).

3 백숙용 백미와 찹쌀은 물에 불린다.

4 국솥에 물을 붓고 닭, 대추, 황기,
   통마늘, 통생강, 통양파를 넣은 후
   30분 정도 국물이 뽀얗게 우러날
   정도로 끓인다.

5 4의 닭이 익으면 건져 살만 발라내고,
   나머지 육수 재료는 국물만 남기고
   모두 건져 버린다.

6 닭육수에 3의 불린 쌀과 찹쌀을 넣고 중간
   불에서 저어가며 익힌다.

7 6이 충분히 퍼지면 닭살, 밤, 통마늘, 물에 갠
   찹쌀가루를 넣고 국물이 걸쭉해질 때까지 저어가면
   한소끔 더 끓인 후 2의 누룽지와 대파를 넣고,
   소금과 후춧가루로 간한다.

Cooking Tip
단체급식에서는
말린 홍합을 사용하면
메뉴의 위험성을
줄일 수 있어요.

해물볶음우동

단체급식용 / 10인량

재료

우동 면 75g, 오징어 링 16.67g, 주꾸미 10.03g,
새우살 8.33g, 양배추 11.67g, 양파 10g, 당근 4.17g,
숙주나물 16.67g, 청피망 5g, 홍피망 5g, 홍합살 1.33g,
가츠오부시 1.67g, 식용유 약간

양념 : 설탕 4.17g, 다진 마늘 1.67g, 굴소스 3.3g,
양조 간장 8.33g, 청주 1.33g, 고추기름 4.17g,
후춧가루 0.01g

가정용 / 4인분

재료

우동 면 2봉지(420g), 모둠 해물 (400g), 양배추 100g,
양파 1개, 당근 1/2개, 숙주나물 300g, 청피망 1/2개,
홍피망 1/2개, 가츠오부시 1컵, 식용유 약간

양념 : 설탕 2큰술, 다진 마늘 2큰술, 굴소스 1큰술,
양조 간장 5큰술, 청주 2큰술, 고추기름 4큰술,
후춧가루 1/4작은술

1 양배추, 양파, 당근, 청피망, 홍피망은 채 썬다.
2 해산물은 끓는 물에 넣고 살짝 데친 후 체에 밭쳐
   물기를 제거한다.
3 팬에 식용유를 두르고 다진 마늘을 넣어 노릇하게 볶은 후
   분량의 재료와 함께 섞어 양념을 만든다.
4 3의 양념에 채소와 해산물을 넣고 골고루 버무린다.
5 오븐 일반팬에 식용유를 살짝 두른 후 우동 면을 넣고,
   그 위에 4을 올린 뒤 뚜껑을 덮는다.
6 160℃로 예열한 오븐에 넣고 20분간 조리한다.
7 요리가 완성되면 우동 면과 해물, 채소를 골고루 섞은 후
   숙주나물과 가츠오부시를 넣고 살짝 버무린다.

애느타리파프리카무침

단체급식용 / 10만땅

재료

애느타리버섯 20g, 초록 파프리카 4.17g, 빨간 파프리카 4.17g,
식용유 0.17g, 참기름 0.17g, 거피 들깻가루 0.83g

양념 : 양조간장 0.33g, 소금 0.1g, 마늘 0.17g, 대파 0.67g

가정용 / 4인분

재료

애느타리버섯 2팩, 초록 파프리카 1/2개, 빨간 파프리카 1/2개,
식용유 1/2큰술, 참기름 1큰술, 거피 들깻가루 1½큰술

양념 : 양조간장 2작은술, 소금 1/2작은술, 다진 마늘 2작은술,
다진 대파 1/2큰술

1. 애느타리버섯은 먹기 좋은 크기로 찢어 끓는 물에
   완전히 익힌 후 찬물에 헹군 다음 물기를 꽉 짠다.
2. 파프리카는 0.5cm 두께로 채 썬다. 마늘은 다지고,
   대파는 송송 썬다.
3. 분량의 재료를 섞어 양념장을 만든다.
4. 달군 팬에 식용유를 살짝 두른 후 파프리카를 넣고
   센 불에서 30초 정도 볶다가 꺼내서 펼쳐 식힌다.
5. 애느타리버섯에 양념장을 넣고 버무린 후
   4의 파프리카를 넣고 잘 섞는다.
6. 5에 참기름과 들깻가루를 넣고 한 번 더 가볍게 버무린다.

깻잎찜

단체급식용 / 10인량

재료
깻잎 8.33g, 실파 0.52g, 청양고추 0.32g, 홍고추 0.17g
양념 : 양조간장 3.33g, 다진 마늘 1.17g, 설탕 1.17g,
참기름 0.33g, 참깨 0.2g

가정용 / 4인분

재료
깻잎 40장(50g), 실파 2줄, 청양고추 2개, 홍고추 1개
양념 : 양조간장 3큰술, 다진 마늘 1큰술, 설탕 1큰술,
참기름 1/2큰술, 참깨 1큰술

1 깻잎은 깨끗하게 세척한다. 청양고추와 홍고추는
   모양을 살려 둥글게 썰고, 실파는 송송 썬다.
2 분량의 재료를 섞어 만든 양념장에 청양고추,
   홍고추, 실파를 넣고 잘 섞는다.
3 깻잎에 2의 양념장을 켜켜이 바른 후 오븐 일반팬에
   담는다.
4 3을 100℃로 예열한 오븐에 넣고 스팀모드로
   덮개 없이 5분간 익힌다.

Cooking Tip
오븐에 깻잎을 찔 때는 깻잎과
양념장을 켜켜이 올린 후
팬 덮개 없이 오븐에 넣어요.

PART 03

재료비 부담은 낮추고 조리 효율은 높이는
가성비 최고 식단

많은 사람을 위한 식사를 준비할 때 가장 신경 쓰이는 것은 식재료비와 조리 과정이다.

조리하는 양이 많을수록 당연히 식재료비는 많아지고 복잡한 조리 과정을 그대로 따라 하기 어렵다.

이럴 때는 저렴한 식재료로 푸짐하고 맛있게 차릴 수 있는 메뉴나, 조리 과정이 간단해서

빠르게 완성할 수 있는 메뉴로 식단을 짜는 것이 비법 중의 비법이다.

쇠고기나 새우 같이 단가가 높은 식재료는 주재료가 아닌 부재료로 넣어서 효율적으로 사용하고,

고기를 요리할 때는 육류와 양념만으로 완성하지 않고 채소를 혼합해 푸짐하게 차리거나

덮밥 또는 볶음밥과 함께 내면 좋다. 전이나 커틀릿 요리는 오븐을 활용하면

식용유 값을 절약하는 동시에 조리 시간이 짧아지는 효과도 있다.

또 대량의 생채, 샐러드, 볶음밥처럼 힘을 들여 섞어야 하는 요리는 완전 조리 대신

먹는 사람이 직접 버무리도록 구성하면 훨씬 간편해지니 참고하자.

돼지고기를 더한 뜨끈한 국물로 으랏차차 기력을 더하는

돼지국밥과 부추무침 한상

{
돼지고기국밥
부추무침
꽁치김치조림
우엉채새우조림

찬바람이 불기 시작하거나 비가 추적추적 내리는 날이면 따끈한 국물에 만 밥이 떠오른다. 밥을 국물에 말아 먹는 형태인 국밥은 지역에 따라 즐겨먹는 종류가 다르다. 수도권에서는 소머리국밥, 전라도에서는 콩나물국밥, 경상도에서는 돼지국밥을 주로 먹는다.

경상도에서 돼지국밥을 먹기 시작한 이유로는 1950년대 한국전쟁 중에 경상도로 이동한 피난민들이 미군 부대에서 나온 돼지 부산물을 이용해 설렁탕을 비슷하게 흉내냈다는 설이 유력하다. 시기적으로 1950년대 이후에 빠르게 확산되었고, 먹는 지역이 경상도에 국한되었다는 사실이 설을 뒷받침한다. 지금은 돼지국밥 앞에 으레 부산이라는 지역명이 단짝처럼 따라붙지만 원래는 밀양·대구의 돼지국밥도 유명했으며, 경상도 내에서도 지역별로 국밥에 넣는 돼지 부위가 조금씩 달랐다. 하지만 지금은 어딜 가도 돼지국밥은 비슷한 모양새다.

돼지고기를 이용해 국밥을 만들면 쇠고기에 비해 구하기 쉽고 저렴한 식재료로 쇠고기 못지않은 영양을 제공할 수 있다는 장점이 있다. 특히 비타민 B_1의 함유량이 어떤 식재료보다 풍부해 피로 해소와 에너지 충전에 아주 적합한 식품이다.

돼지고기의 영양을 가득 담은 돼지국밥에는 부추무침을 꼭 곁들인다. 부추의 알싸한 맛이 돼지고기의 살짝 느끼한 맛을 잡아줄 뿐만 아니라 부추에 함유된 황화아릴 성분이 비타민 B_1과 만나면 알리티아민이라는 피로 해소 물질을 만들어내니 맛으로나 영양으로나 이보다 더 환상적 조합도 없다.

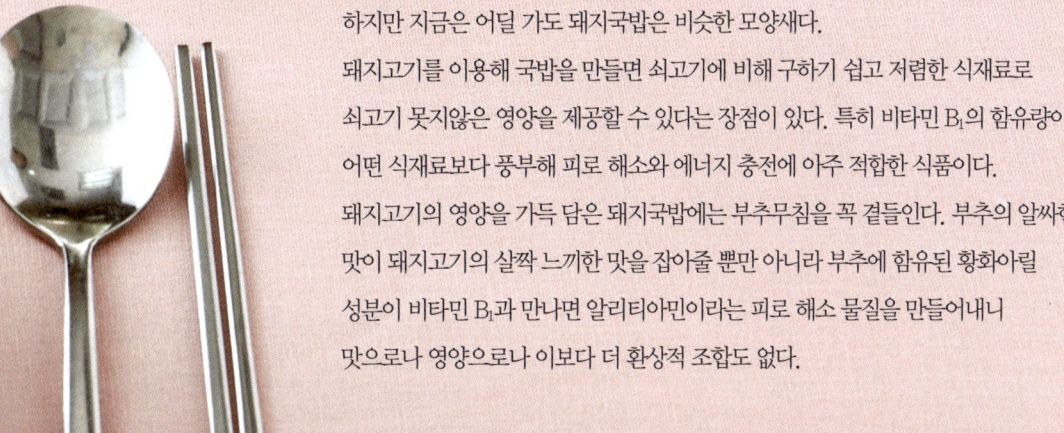

돼지고기국밥

Cooking Tip

돼지 등뼈와 돼지고기는
국물이 뽀얗게 우러날 때까지
끓여야 구수해요.

단체급식용 / 10인량

재료

돼지 등뼈 50g, 돼지 앞다릿살 83.33g, 대파 3g, 청양고추 1.27g,
통생강 2g, 된장 2g, 새우젓 1.67g, 청주 1.5g, 소금 1.33g,
후춧가루 0.1g, 월계수잎 0.01g

양념장 : 고춧가루 3.3g, 국간장 3g, 양조간장 1.5g, 설탕 0.83g,
다진 마늘 2.5g, 실파 2g, 참깨 0.5g, 들깨(거피 안된 것) 1.7g,
육수 1.7g

가정용 / 4인분

재료

돼지 등뼈 1kg, 돼지 앞다릿살 500g, 대파(10cm) 1개,
청양고추 2개, 통생강 3톨, 된장 1/2큰술, 새우젓 1큰술,
청주 1/2컵, 소금 1/2큰술, 후춧가루 1/2작은술, 월계수잎 5장,
물 5컵

양념장 : 고춧가루 3큰술, 국간장 1½큰술, 양조간장 1큰술,
설탕 2작은술, 다진 마늘 2큰술, 다진 실파 2큰술, 참깨 2작은술,
들깨(거피 안된 것) 1큰술, 육수 1/2컵

1 돼지 등뼈와 돼지고기는 찬물에 1시간 이상 담가 핏물을
   제거한다.

2 냄비에 물을 붓고 된장을 푼 후 1과 청주, 통생강, 월계수잎을
   넣고 1시간 이상 국물이 뽀얗게 우러나도록 끓인다.

3 국물이 우러나면 육수와 돼지고기를 제외한 모든 재료는
   버리고, 돼지고기는 한 입 크기로 썰어 육수에 다시 넣는다.

4 대파, 청양고추, 실파는 송송 썬다.

5 3에 새우젓, 소금, 후춧가루를 넣어 간을 맞추고, 대파와
   청양고추를 넣고 한소끔 더 끓인다.

6 분량의 재료를 골고루 섞어 양념장을 만든 후 5의 육수를
   양념장 분량의 1/3 정도 넣고 섞어 1시간 이상 숙성한다.

7 국그릇에 밥을 담은 후 5의 고깃국을 붓고, 양념장과
   부추무침(옆 페이지 참조)을 올린다.

부추무침

재료

부추 13.33g

양념 : 참깨 0.3g, 고춧가루 0.7g, 매실청 0.3g, 다진 마늘 0.1g,
양조간장 0.2g, 새우젓국물 0.1g

재료

부추 80g

양념 : 참깨 1/2큰술, 고춧가루 1큰술, 매실청 1/2큰술,
다진 마늘 1작은술, 양조간장 2작은술, 새우젓국물 1/2작은술

1 분량의 재료를 섞어 양념장을 만든다.

2 부추는 짓무른 잎을 제거한 다음 3cm 길이로 썬다.

3 볼에 부추를 넣고 양념장에 살짝 버무린다.

Cooking Tip

부추는 양념장에 살짝
버무리듯이 무쳐야 풋내 나거나
짓무르지 않아요.

Cooking Tip

조리하는 동안 각종 재료에서 수분이 많이 나오므로 양념장에 따로 물을 넣지 않아요.

꽁치김치조림

단체급식용 / 10인분

재료

꽁치 28.5g, 배추김치(익은 것) 25g, 대파 0.5g, 풋고추 0.5g, 청양고추 0.47g, 식용유 약간

양념장 : 양조간장 3.33g, 물엿 2.5g, 설탕 1.17g, 고춧가루 1g, 청주 1.33g, 2배 사과식초 1g, 다진 마늘 0.67g, 생강즙 0.5g

가정용 / 4인분

재료

꽁치 2마리, 배추김치(익은 것) 1컵, 대파(5cm) 1개, 풋고추 1개, 청양고추 1개, 식용유 약간

양념장 : 양조간장 2큰술, 물엿 2큰술, 설탕 1/2큰술, 고춧가루 1/2큰술, 청주 1큰술, 2배 사과식초 1작은술, 다진 마늘 1/2큰술, 생강즙 2작은술

1 꽁치는 깨끗하게 씻은 후 채반에 밭쳐 물기를 뺀다.

2 분량의 재료를 잘 섞어 양념장을 만든다.

3 대파, 풋고추, 청양고추는 어슷하게 썰고, 배추김치는 3cm 길이로 썬다.

4 팬에 식용유를 두르고 배추김치를 넣고 볶은 후 2의 양념장을 넣어 볶음김치양념장을 만든다.

5 오븐 일반팬에 꽁치, 대파, 고추, 4의 양념장을 켜켜이 담은 후 덮개를 덮어 냉장고에 넣고 30분간 둔다.

6 160℃로 예열한 오븐에 넣고 콤비모드로 35분간 조리한다.

Cooking Tip

우엉은 조리하기 전에
식촛물에 담그면
갈변을 방지할 수 있어요.

우엉채새우조림

재료

우엉 13.58g, 새우살 9.14g, 홍고추 0.65g, 풋고추 1.31g,
양파 6.27g, 마늘 0.26g, 생강 0.26g, 식초 0.3g, 참깨 0.1g,
참기름 0.1g, 식용유 0.1g

양념장 : 양조간장 1.31g, 물엿 3.92g, 설탕 0.91g, 청주 0.94g

재료

우엉 100g, 새우살 150g, 홍고추 1개, 풋고추 2개, 양파 1/3개,
마늘 2쪽, 생강 1/2톨, 식초 1큰술, 참깨 2작은술,
참기름 1작은술, 식용유 1큰술

양념장 : 양조간장 1큰술, 물엿 1큰술, 설탕 1/2큰술, 청주 1큰술

1 껍질 벗긴 우엉은 4cm 길이로 곱게 채 썰어 식촛물에 담근다.

2 홍고추, 풋고추는 반을 갈라 씨를 뺀 후 우엉과 같은 길이로
채 썬다. 양파는 채 썰고, 마늘과 생강은 편으로 썬다.

3 새우살은 소금물에 넣고 흔들어 씻은 후 체에 밭쳐 물기를 뺀다.

4 1의 우엉을 끓는 물에 넣고 3분간 삶은 후 찬물에 헹궈
물기를 제거한다.

5 볶음 솥에 우엉과 양념장 재료를 넣고 약한 불에서 물기가
없어질 때까지 조린다.

6 달군 팬에 식용유를 살짝 두르고 마늘과 생강을 넣고
약한 불에서 볶다가 노릇해지면 양파와 새우살을 넣고
센 불에서 1분간 볶는다.

7 6에 홍고추와 풋고추를 넣고 살짝 볶은 후 5의 우엉을 넣고
버무리듯 섞어준 뒤 참깨와 참기름을 넣는다.

저렴한 두부와 숙주만으로 건강한 식탁을 가득 채우는

두부젓국찌개와 몽골리안볶음밥 한상

{ 두부젓국찌개
몽골리안볶음밥
보트감자그래탱
슈퍼곡물샐러드 & 흑임자드레싱

어린 시절 심부름 목록에 가장 많이 올랐던 식재료가 있다면 그건 바로 두부다. 두부 파는 아주머니가 투명한 비닐에 두부를 잘 떠서 담아주면 혹여 깨질까봐 품에 안아야 할 정도로 부드러웠던 서민의 음식. 이제는 건강한 웰빙 식품으로 손꼽히는 두부는 입에서 살살 녹는 부드러운 매력으로 어떤 요리에 넣어도 잘 어우러진다. 고기를 대체할 식물성 단백질로 인정받을 만큼 영양이 풍부할 뿐만 아니라, 저렴한 가격에 구입할 수 있어 어머니의 장바구니에서 두부는 중요한 몫을 차지했다. 두부를 손수 만드는 과정은 정성 그 자체다. 콩을 불리고, 갈고, 끓이고, 걸러내고, 간수를 넣고, 굳히기까지. 시골에서 직접 손두부를 만들어 파는 할머니가 새벽같이 일어나 준비해야만 점심 장사를 할 수 있었던 것은 이런 시간이 필요했기 때문이다. 물론 우리가 요즘 먹는 두부는 전문 업체를 통해 대량 생산되기 때문에 이런 고생 없이 언제 어디서나 저렴한 가격에 구할 수 있다.

하얗고 부들부들한 두부는 어떻게 요리해도 맛있지만 새우젓과 함께 두부찌개를 끓이면 시원한 맛이 훌륭하다. 새우젓의 구수하면서 은은한 단맛이 두부와 잘 어우러져 많은 재료를 넣지 않아도 충분히 맛있는 국물을 완성할 수 있다. 또 새우젓은 단백질을 소화시키는 효과가 뛰어나 영양 면에서도 두부와 궁합이 맞는다. 여기에 숙주를 듬뿍 넣고 새우살을 부재료로 활용한 몽골리안 볶음밥까지 더한다면 간단하고 저렴한 식재료로 풍족한 상을 차릴 수 있다.

두부젓국찌개

재료

돼지고기 목살 25g, 생강즙 0.83g, 대파 3.33g, 청주 0.26g,
다진 마늘 0.83g, 무 13.33g, 소금 0.67g, 두부 20g,
애호박 11.67g, 양파 8.33g, 청양고추 1.33g, 식용유 3g,
참기름 1.6g, 다시마 1.67g, 새우젓 1.67g, 후춧가루 0.16g

재료

돼지고기 목살 200g, 생강즙 2작은술, 대파(10cm) 1개,
청주 1큰술, 다진 마늘 1/2큰술, 무(지름 10cm, 두께 2cm) 1토막,
소금 1작은술, 두부 1/2모, 애호박 2/3개, 양파 1/3개,
청양고추 2개, 식용유 1큰술, 참기름 1/2큰술,
다시마(5×5cm) 1장, 새우젓 1큰술, 물 7컵, 후춧가루 1/4작은술

1 돼지고기 목살은 생강즙, 청주, 다진 대파(전체 중량의 1/3),
   다진 마늘(전체 중량의 1/3), 후춧가루(전체 중량의 1/3)에
   재운다.

2 무는 나박썰기 해 소금물을 넣고 절인다.

3 두부는 깍둑썰기 하고, 애호박은 반달 모양으로 썰고,
   양파는 가로세로 2cm로 썬다. 대파와 청양고추는
   어슷하게 썬다.

4 국솥에 식용유와 참기름을 넣은 후 목살과 양파를 넣고
   1~2분 정도 볶는다.

5 목살과 양파가 익으면 절여놓은 무의 물기를 제거한 후 넣고,
   물과 다시마를 넣어 무가 익을 때까지 끓인다.

6 국물이 끓어오르면 새우젓과 두부를 넣고 중간 불에서
   10분간 끓인다.

7 6에 애호박, 대파, 청양고추, 다진 마늘, 후춧가루를 넣고
   약한 불에서 5분간 더 끓이다가 다시마를 건져낸 후
   불을 끈다.

Cooking Tip

돼지고기는 생강즙, 청주,
다진 대파, 다진 마늘, 후춧가루로
버무려 준비해요.

몽골리안볶음밥

단체급식용 / 10인량

재료

백미 66.67g, 숙주나물 25g, 양파 13.33g, 마늘 4.17g,
새우살 25g, 청주 0.67g, 후춧가루 0.1g, 식용유 0.83g,
소금 0.26g, 참기름 0.5g, 달걀 60g

몽골리안 소스 : 양조간장 6.67g, 고추장 5.83g, 고추기름 5g,
설탕 2.5g

가정용 / 4인분

재료

밥 3공기, 숙주나물 200g, 양파 1/2개, 마늘 5쪽,
새우살 200g, 청주 1큰술, 후춧가루 1/4작은술, 식용유 3큰술,
소금 1/2작은술, 참기름 1큰술, 달걀 4개

몽골리안 소스 : 양조간장 3큰술, 고추장 2큰술,
고추기름 1/2큰술, 설탕 1/2큰술

1 쌀은 씻어 밥을 짓고, 숙주는 깨끗이 씻어 물기를 제거한다.

2 양파는 가로세로 0.7cm 크기로 썰고, 마늘은 편으로 썬다.

3 새우살은 청주와 후춧가루를 넣어 재운다.

4 달군 팬에 식용유를 두른 후 마늘을 넣고 약한 불에서 볶아
향을 낸 뒤, 양파와 새우살을 넣고 중간 불에서 살짝 볶은
다음 숙주를 넣고 센 불에서 재빨리 볶는다.

5 분량의 재료를 섞어 몽골리안 소스를 만든다.

6 팬에 식용유를 두르고 밥을 넣고 센 불에서 볶다가
몽골리안 소스를 넣고 밥 색깔이 갈색빛이 날 때까지 볶는다.

7 6에 4의 재료를 넣고 다시 한 번 골고루 볶아준 후
참기름을 넣는다.

8 기호에 따라 달걀프라이를 밥 위에 얹는다.

Cooking Tip
양조간장 대신 굴소스
(양조간장 양의 1/2)를
사용해도 좋아요.

보트감자그래탱

단체급식용 / 10인분

재료

분질감자 41.67g, 양송이버섯 1.33g, 양파 6.67g, 햄 5g,
청피망 4.17g, 홍피망 2.5g, 모차렐라 치즈 12.5g,
체더치즈 3.67g, 통조림 옥수수 3.5g, 토마토케첩 10g,
마요네즈 8.33g, 후춧가루 0.1g, 파슬리 가루 0.1g

가정용 / 4인분

재료

분질감자 4개, 양송이버섯 4개, 양파 1/2개, 햄 80g,
청피망 1/2개, 홍피망 1/2개, 모차렐라 치즈 5큰술,
체더치즈 1큰술, 통조림 옥수수 2큰술, 토마토케첩 3큰술,
마요네즈 7큰술, 후춧가루 1/4작은술, 파슬리 가루 1/2큰술

1 껍질 있는 감자는 깨끗이 씻은 후 삶아 준비한다.

2 포슬하게 삶은 감자는 반으로 잘라 테두리 1cm를 남기고,
   속을 판다.

3 햄, 홍피망, 청피망, 양송이버섯, 양파는 작은 크기로
   깍둑썰기 한다.

4 3의 재료에 마요네즈, 후춧가루, 체더치즈, 모차렐라 치즈,
   옥수수를 넣고 골고루 섞은 뒤 2의 감자 속에 넣는다.

5 4 위에 토마토케첩과 파슬리 가루를 뿌린 후 180℃로
   예열한 오븐에 넣고 건열모드에서 10분간 굽는다.

Cooking Tip

단체급식에서는
시판용 냉동 보트감자를
사용하면 조리 시간을
단축할 수 있어요.

Cooking Tip

렌틸콩은 물에 불리지
않은 채 바로 삶고,
귀리는 물에 불린 다음
삶아주세요.

슈퍼곡물샐러드 &
흑임자드레싱

단체급식용 / 10인량

재료

양상추 17g, 사과 7g, 키위 5g, 방울토마토 3.3g, 치커리 2.5g,
렌틸콩 1.6g, 귀리 1.6g

드레싱 : 땅콩 2.5g, 흑임자 1g, 오이 0.83g,
양파 0.33g, 마요네즈 10g, 꿀 1.33g, 설탕 0.5g, 레몬즙 0.67g,
올리브유 0.33g, 탄산수 2.5g, 소금 0.01g

가정용 / 4인분

재료

양상추 7장, 사과 1/2개, 키위 1개, 방울토마토 6~8개,
치커리 30g, 렌틸콩 2큰술, 귀리 2큰술

드레싱 : 땅콩(간 것) 2큰술, 흑임자(간 것) 1큰술,
오이(간 것) 1/2큰술, 양파(간 것) 1/2큰술, 마요네즈 7큰술,
꿀 1큰술, 설탕 1/2큰술, 레몬즙 1/2큰술, 올리브유 2작은술,
탄산수 3큰술, 소금 1/2작은술

1 렌틸콩은 냄비에 넣고 콩 중량의 2.5배의 물과 소금을 넣어
  15~20분간 삶은 다음 찬물에 헹궈 물기를 제거한다.

2 귀리는 깨끗이 씻어 30분간 물에 불린 후 냄비에 넣고
  귀리 중량의 2.5배의 물과 소금을 넣어 15~20분간 정도 삶고
  찬물에 헹궈 물기를 제거한다.

3 샐러드 채소와 과일은 먹기 좋은 크기로 자른다.

4 드레싱용 흑임자, 땅콩, 양파, 오이는 따로 믹서에 간다.

5 4에 나머지 드레싱 재료를 넣고 골고루 섞는다.

정갈한 일본 요리를 손쉽게 만드는

오코노미야키와
검은깨잔멸치주먹밥 한상

{
김치나베우동
검은깨잔멸치주먹밥
오코노미야키
골뱅이채소깻잎쌈

일본 하면 떠올리는 메뉴는 매우 다양하지만 그중 모양새가 익숙한 요리는 오코노미야키다.
우리가 먹는 빈대떡과 아주 유사한 형태이기 때문.

하지만 넣는 재료와 먹는 과정 자체는 완전 다르다. 우리나라 빈대떡과 전은 완성된 요리로
먹지만, 일본에서 오코노미야키는 반죽에 넣고 싶은 식재료를 고른 뒤 손수 구워 먹는
요리에 가깝다.

이러한 특징은 이름에도 잘 드러난다. 일본어로 '오코노미'는 좋아하는 것을 뜻하고,
'야키'는 굽는다는 뜻을 나타낸다. 말 그대로 먹는 사람이 좋아하는 재료를 반죽에 섞은 뒤
철판에 구워 먹는 요리다. 일본에서는 에도시대 후기부터 오코노미야키를 먹기 시작했는데,
이때는 재료를 반죽에 섞지 않고 밀가루에 물을 섞은 반죽을 넓은 철판 위에 펼쳐 놓은 뒤
다양한 재료를 올려 구웠다고 한다. 당시에는 이런 방식의 요리가 대중적이지 않았으나
관동대지진 이후 식량이 부족해지면서 얼마 안 되는 식재료로 양을 최대한 늘려 먹기
원했던 사람들의 요구에 발맞춰 반죽에 다양한 재료를 푸짐하게 넣은 오코노미야키가
대중에게 널리 퍼졌다는 것이 알려진 얘기다.

빈대떡이나 전도 그렇지만 오코노미야키 역시 조리하려면 일일이 철판에 구워야 하는
과정이 꽤 번거롭다. 이럴 땐 오븐을 활용하면 뒤집을 필요 없이 효율적으로 조리할 수 있다.
여기에 일본인의 솔 푸드인 주먹밥 메뉴로 검은깨잔멸치주먹밥을 준비해보자.
먼저 볶음밥을 만든 뒤 아이스크림 주걱으로 동그랗게 떠서 준비하면 정갈한
일본 요리 상차림도 어렵지 않게 완성할 수 있다.

Cooking Tip
달걀은 풀지 않고
국에 그대로 넣은 다음
살짝만 저어주세요.

김치나베우동

단체급식용 / 10인량

재료
우동 면 83.33g, 배추김치(익은 것) 25g, 달걀 11.67g, 무 18.33g,
사각 어묵 11.67g, 양파 10g, 유부 5g, 팽이버섯 2.5g, 쑥갓 1.67g,
다진 마늘 1.33g, 대파 1.17g, 고추장 5g, 고춧가루 1g, 소금 0.5g,
식용유 3.3g
국물 : 가다랭이 삶은 국물 3g, 디포리 1.67g, 국멸치 1.67g,
다시마 1.67g

가정용 / 4인분

재료
우동 면 600g, 배추김치(익은 것) 2컵, 달걀 3개,
무(지름 10cm, 두께 2cm) 1/2개, 사각 어묵 2장, 양파 1/2개,
유부 5장, 팽이버섯 50g, 쑥갓 4줄기, 다진 마늘 1큰술,
대파(5cm) 1개, 고추장 4큰술, 고춧가루 1큰술, 소금 2작은술,
식용유 1큰술
국물 : 물 8컵, 가다랭이 삶은 국물 1/2컵, 디포리 8마리,
국멸치 10마리, 다시마(5×5cm) 2장

1 솥에 분량의 물을 붓고 디포리, 국멸치, 다시마,
   가다랭이 삶은 국물을 넣고 끓여 우동 국물을 우려낸 후
   건더기는 건져 버린다.

2 무는 나박썰기 하고, 어묵은 1×4cm 두께로 썬다.
   배추김치는 3cm 길이로 썰고, 양파는 채 썰고,
   대파는 어슷하게 썬다.

3 팬에 식용유를 두르고 배추김치, 다진 마늘, 고추장,
   고춧가루를 넣고 김치의 숨이 죽을 때까지 볶는다.

4 1의 국물에 무, 어묵, 양파, 대파, 볶은 김치, 유부, 소금을
   넣고 푹 끓인다.

5 4에 노른자가 터지지 않도록 달걀을 넣은 후 노른자가
   익으면 팽이버섯, 쑥갓을 넣어 김치나베 국물을 완성한다.

6 우동 면은 끓는 물에 3분간 삶거나 100℃로 예열한 오븐에
   넣고 스팀모드에서 5분간 익힌 후 5의 김치나베 국물을
   부어서 낸다.

검은깨잔멸치주먹밥

단체급식용 / 10인분

재료

보리쌀 10.44g, 백미 65.27g, 찹쌀 10.44g, 잔멸치 10g,
깻잎 3.3g, 슬라이스 치즈 2.8g, 양조간장 6.6g, 설탕 3.3g,
참기름 3.3g, 청주 3g, 검정깨 1.6g, 식용유 1.04g

가정용 / 4인분

재료

밥 2공기, 잔멸치 2큰술, 깻잎 2장, 슬라이스 치즈 1/2장,
양조간장 1큰술, 설탕 1큰술, 참기름 1큰술, 청주 1/2큰술,
검정깨 1/2큰술, 식용유 1큰술

1 밥은 고슬고슬하게 짓는다.
2 아무 것도 두르지 않은 팬에 잔멸치를 넣고
　 중간 불에서 볶다가 설탕, 청주, 양조간장, 식용유를
　 넣고 약한 불에서 2분간 볶는다.
3 깻잎은 돌돌 말아 얇게 채 썰고, 슬라이스 치즈는
　 1장을 16등분한다.
4 밥에 2의 멸치, 깻잎채, 참기름, 검정깨를 넣고
　 골고루 섞는다.
5 아이스크림 쿠퍼를 사용해 4의 밥을 떠서 접시에
　 담은 후 슬라이스 치즈를 올린다.

Cooking Tip
주먹밥을 만들 때
아이스크림 쿠퍼를 사용하면
주먹밥을 쉽게
만들 수 있어요.

오코노미야키

단체급식용 / 1인량

재료

오징어 25g, 백김치 16.67g, 양배추 8.33g, 양파 8.33g,
새우살 5g, 당근 3.33g, 실파 1.67g, 부침가루 16.67g,
달걀물 3.33g, 데리야키 소스 11.67g, 마요네즈 10g,
우스터 소스 3.5g, 식용유 6.6g, 가츠오부시 1.5g

가정용 / 4인분

재료

오징어(몸통) 1/2마리, 백김치 1컵, 양배추 2장(60g),
양파 1/3개, 새우살 100g, 당근 1/4개, 실파 2줄, 부침가루 1컵,
달걀물 1/2컵, 데리야키 소스 2큰술, 마요네즈 3큰술,
우스터 소스 (또는 양조간장) 1큰술, 식용유 1/2컵, 가츠오부시 1컵

1 오징어, 양파, 양배추는 1.5×1.5cm 크기로 깍둑썰기 하고,
   당근은 3cm, 백김치는 1cm 두께로 각각 채 썬다.
   실파는 송송 썬다. 새우살은 물기를 제거한다.
2 볼에 1의 재료를 담고 부침가루, 달걀물, 우스터 소스,
   식용유를 넣고 골고루 섞어 부침 반죽을 만든다.
3 오븐용 코팅팬 바닥에 식용유를 바르고, 2의 반죽을 팬 높이의
   1/2 정도 담은 후 반죽 위에도 식용유를 살짝 바른다.
4 180℃로 예열한 오븐에 넣고 건열모드에서 15분간 조리한다.
5 4가 완성되면 위에 마요네즈와 데리야키 소스를 얇게
   펴바른 후 가츠오부시를 뿌리고, 짤주머니에 마요네즈와
   데리야키 소스를 넣어 지그재그로 뿌린다.
6 마지막으로 송송 썬 실파를 뿌린다.

Cooking Tip

오븐용 부침개 반죽은
일반 부침개 반죽보다 되직해요.
채소와 해물이 많을 경우
물을 넣지 않고 반죽해요.

골뱅이채소깻잎쌈

재료
골뱅이 9.22g, 양배추 15.58g, 오이 9.35g, 당근 5.45g,
양파 4.67g, 깻잎 0.78g, 날치알 5g
양념 : 고추장 7.01g, 2배 사과식초 0.62g, 올리고당 0.78g,
양조간장 0.47g, 고춧가루 0.47g, 골뱅이 국물 1.6g,
다진 마늘 0.31g, 다진 대파 0.57g, 청주 1.6g, 참깨 0.09g

Cooking Tip
양념장에 골뱅이 캔 국물을 넣으면
감칠맛이 나요. 단체급식에서는
날치알 대신 진미채로 메뉴의
위험성을 줄일 수 있어요.

재료
통조림 골뱅이 200g, 양배추 3장, 오이 1/3개, 당근 1/4개,
양파 1/2개, 깻잎 15장, 날치알 3큰술
양념 : 고추장 2큰술, 2배 사과식초 1큰술, 올리고당 1큰술,
양조간장 1큰술, 고춧가루 1큰술, 골뱅이 국물 2큰술,
다진 마늘 1/2큰술, 다진 대파 1큰술, 청주 1큰술, 참깨 1작은술

1 골뱅이는 슬라이스 하고, 통조림의 골뱅이 국물은
　버리지 않는다.
2 양배추, 양파, 깻잎(전체 중량의 1/2)은 채 썰고,
　오이와 당근은 반달 모양으로 어슷하게 썬다.
3 분량의 재료를 골고루 섞어 양념장을 만든 후
　냉장고에 넣고 30분간 숙성한다.
4 날치알은 청주에 담가 비린내를 제거한다.
5 볼에 골뱅이, 채소, 양념장을 넣고 버무린 후
　참깨를 뿌려 접시에 담는다.
6 골뱅이무침 위에 날치알을 올리고, 나머지
　깻잎을 쌈용으로 함께 제공한다.

남녀노소 구분 없이 좋아하는 인기 메뉴를 오븐으로 간편하게 조리하는

치킨마요덮밥과
수제요구르트 한상

{
남도식콩나물국
치킨마요덮밥
오이부추무침
수제요구르트

유산균 섭취를 원할 때 전 세계 사람들이 공통으로 떠올리는 식품은 바로 요구르트다.

요구르트는 기원전 2500년 경부터 터키 유목민들이 먹기 시작했다고 추정한다.

미리 짜둔 염소젖이 더운 사막을 건너는 유목민의 이동 중에 절로 발효되면서 요구르트가

탄생했다고 보는 것이다. 또는 냉장법이 발달하지 않았던 옛날에 짜 놓은 우유를 오래

놔둔 것이 요구르트와 비슷한 형태의 발효유가 되면서 먹기 시작했다고 본다.

하지만 지금처럼 대중적으로 즐겨 먹게 된 것은 최근 일이다. 1905년 생물학자

메치니코프가 발효유의 장수효과에 대해 연구한 이후 유럽에서 가장 먼저 요구르트를

제품으로 출시했고, 1970년대부터 요구르트 소비가 급격히 증가했다. 요구르트는

타액·담즙·위액과 췌장액의 분비를 증진시켜 소화기관을 튼튼하게 만드는 유산균이

풍부하며, 발효 과정에서 일부 비타민을 합성하는 능력이 있어 비타민 B군·엽산·

니아신·판토텐산을 흡수하기 용이하다.

최근에는 액상 요구르트는 물론 떠먹는 요구르트라고 표현하는 호상 요구르트 제품까지

당 함유량이 높다는 사실이 알려지면서 수제 요구르트에 대한 관심이 높아졌다.

수제 요구르트는 우유와 종균 역할을 할 유산균 요구르트만 있으면 간편하게 만들 수

있을 뿐 아니라 사 먹는 것에 비해 비용도 훨씬 적게 든다.

수제 요구르트는 어떤 식단에 곁들여도 훌륭한 디저트지만, 오븐 구이 치킨으로 만든

치킨마요덮밥과 함께 한상을 차리면 모든 이의 사랑을 독차지하는 식단을

완성할 수 있을 것이다.

남도식콩나물국

재료

콩나물 16.67g, 배추김치(익은 것) 16.67g, 오징어 15g, 양파 3g,
풋고추 1.33g, 대파 1.5g, 마늘 1g, 청주 1.33g, 소금 0.17g

밑국물 : 황태채 0.65g, 무 13.33g, 다시마 1.67g, 국멸치 1.67g,
건표고버섯 0.67g, 통양파 2g, 대파 1g

고명 : 다진 마늘 1.66g, 청양고추 1.33g, 새우젓 1.33g,
김가루 1.6g, 고춧가루 0.67g, 참깨 0.1g

재료

콩나물 200g, 배추김치(익은 것) 2컵, 오징어(몸통) 1/2마리,
양파 1/2개, 풋고추 1개, 대파(5cm) 1개, 다진 마늘 1큰술,
청주 1큰술, 소금 1작은술

밑국물 : 물 8컵, 황태채 1컵, 무(지름 10cm 폭 2cm) 1/2토막,
다시마(5×5cm) 2장, 국멸치 10마리, 건표고버섯 1개,
통양파 1/2개, 대파(5cm) 1개

고명 : 다진 마늘 2큰술, 청양고추 2개, 새우젓 2큰술,
김가루 1컵, 고춧가루 3큰술, 참깨 1큰술, 수란 4개

1 콩나물은 끓는 물에 넣고 뚜껑을 덮어 살짝 데친 후
   채반에 올려 식힌다. 또는 100℃로 예열한 오븐에 넣고
   스팀모드에서 5분간 데친다.

2 국솥에 밑 국물 재료를 넣고 30분간 끓여 국물을 낸 후
   건더기는 모두 건져 버린다.

3 배추김치는 흐르는 물에 헹궈 1cm 길이로 썰고, 오징어는
   끓는 물에 데쳐 1×1cm 크기로 깍둑썰기 한다.
   마늘, 대파는 다지고, 양파는 채 썬다. 풋고추와 청양고추는
   총총 썬다.

4 2의 국물에 배추김치를 넣고 10분간 끓인 후 청양고추를
   제외한 모든 채소와 오징어를 넣고 5분간 끓인 다음
   청주와 소금을 넣는다.

5 완성된 국에 고명 재료를 곁들여 낸다.

수란 만드는 법 : 오븐용 일반팬에 1/3 높이의 물을 붓고
식초 3큰술, 참기름 3큰술을 넣고 잘 섞은 후 달걀을
노른자가 깨지지 않게 넣고 100℃로 예열한 오븐에 넣고
스팀모드에서 4분간 조리한다.

가정 요리 시 : 끓는 물에 식초 1큰술을 넣고 달걀을
국자에 담아 끓는 물을 살살 얹으면서 익힌다.

Cooking Tip
콩나물국에 오징어를 넣으면
오징어 속 타우린이 콩나물국을
더 시원하게 만들어요.

치킨마요덮밥

단체급식용 / 10인량

재료

쌀 75g, 찹쌀 13.33g, 닭다릿살 150g, 청주 2.5g, 소금 1.6g,
후춧가루 0.5g, 다진 마늘 5g, 달걀 46.67g, 식용유 5g,
양파 6.3g, 김가루 4.17g, 마요네즈 20g

소스 : 사과 1.67g, 대파 0.33g, 통마늘 1.33g, 통생강 0.5g,
통양파 2.33g, 양조간장 8g, 물 8g, 물엿 4.33g, 황설탕 4.5g,
감자전분 0.6g

가정용 / 4인분

재료

밥 3공기, 닭다릿살 600g, 청주 2큰술, 소금 2작은술,
후춧가루 1/2작은술, 다진 마늘 2큰술, 달걀 3개, 식용유 3큰술,
양파 1/2개, 김가루 1컵, 마요네즈 4큰술

소스 : 사과 1/2개, 대파(5cm) 1개, 통마늘 6개, 통생강 2톨,
통양파 1/2개, 양조간장 1컵, 물 1컵, 물엿 4큰술, 황설탕 4큰술,
감자전분 1큰술

Cooking Tip

데리 소스는 사과 껍질이
쪼글쪼글해질 때까지
끓여야 진하고 달콤해요.

1 쌀과 찹쌀은 씻어 밥을 짓는다.

2 닭다릿살은 청주, 소금, 후춧가루, 다진 마늘을 넣고 잰 뒤
   냉장고에 넣고 30분간 염지한다.

3 2의 닭다릿살을 오븐용 코팅팬에 담아 180℃로 예열한 오븐에
   넣고 건열모드로 20분간 조리한다.

4 사과는 2등분하고, 대파는 4cm 길이로 썬다.
   생강은 편으로 썬다.

5 냄비에 소스 재료를 넣고 끓이다가 소스 양이 반으로 줄면
   재료들은 건져 버리고, 감자전분으로 농도를 맞춰
   데리 소스를 만든다.

6 팬에 식용유를 두르고 달걀을 넣어 스크램블드에그를 만든다.
   양파는 가로세로 2cm 크기로 썰어 기름에 볶는다.

7 밥 위에 스크램블드에그, 볶은 양파, 소금, 후추를 넣고
   버무린 후 밥 위에 닭다릿살, 마요네즈, 데리 소스,
   김가루를 올린다.

오이부추무침

단체급식용 / 10인량

재료
오이 20g, 부추 3.33g, 양파 1.67g, 실파 0.33g, 소금 0.17g,
참기름 0.33g, 참깨 0.02g
양념 : 고추장 3.33g, 고춧가루 0.5g, 멸치액젓 0.83g,
설탕 0.33g, 다진 마늘 0.33g

가정용 / 4인분

재료
오이 1개, 부추 1/2줌(25g), 양파 1/2개, 실파 3줄, 소금 2작은술,
참기름 1큰술, 참깨 2작은술
양념 : 고추장 3큰술, 고춧가루 1큰술, 멸치액젓 1½큰술,
설탕 1큰술, 다진 마늘 1/2큰술

1 오이는 세로로 4등분한 후 오이씨 부분은 도려낸다.
2 1의 오이를 4cm 길이로 썬 후 소금을 뿌려 20분간 절인다.
3 양파는 채 썰고, 부추는 4cm 길이로 썬다. 실파는 총총 썬다.
4 볼에 오이, 양파, 부추, 실파, 양념장 재료를 넣고 골고루
   버무린 다음 참깨와 참기름을 넣어 마무리한다.

수제요구르트

단체급식용 / 10인분

재료

흰우유 86.16g, 유산균 요구르트 12.53g,
통조림 푸르츠칵테일 23.5g, 과일잼 9.14g

가정용 / 4인분

재료

흰우유 1L, 유산균 요구르트 150ml,
통조림 푸르츠칵테일 1컵, 과일잼 2큰술

Cooking Tip

수제요구르트를 만들 때 비율은
우유 1L에 유산균 요구르트
150ml 예요.

1 흰우유와 유산균 요구르트를 잘 섞은 후
  오븐에 넣고 38℃에서 스팀모드로 8시간 동안 발효한다.

2 1의 요구르트는 냉장고에 하루 정도 보관한다.

3 2의 요구르트에 과일잼, 푸르츠칵테일을 올려 제공한다.

아이디어를 더한 소스로 간단하게 완성하는 특별 메뉴

오리엔탈돈육구이와
스틱샐러드 한상

{
매콤당면어묵탕
오리엔탈돈육구이
스틱샐러드 & 쌈장
치커리파채무침

돼지고기는 구워서 먹으면 쫄깃한 식감에 고소한 맛이지만, 삶아서 먹으면
담백하면서도 입안 가득한 육즙과 살살 녹는 부드러운 식감이 전혀 다른 느낌을 준다.
보통 삶은 돼지고기는 양념장이나 새우젓에 찍어 먹지만 이번엔 비법 소스를 더해
이색 메뉴로 만들어보자.
돼지고기에 곁들일 비법 소스는 아이들이 좋아하는 자장소스를 기반으로 한
오리엔탈 소스다. 소스만 살짝 바꿔도 아이들에게 뜨거운 반응을 일으킬 것이다.
오리엔탈돈육구이를 조리하는 과정은 간단하다. 삶은 돼지고기를 소스와 함께
볶을 필요 없이 살짝 버무린 뒤 오븐에 잠시 넣으면 금세 완성할 수 있다.
이렇게 식단에 고기를 넣으면 함께 먹을 채소를 구성하는 것이 큰 고민이다.
영양 균형을 맞출 필요가 있는데다 채소는 육류의 단백질 소화를 원활하게 돕기
때문이다. 이럴 땐 간편한 스틱샐러드를 준비하면 그만이다. 조리 과정이 따로 없어
아주 손쉽게 제공할 수 있다. 당근과 오이를 먹기 좋은 크기로 썰면 끝!
여기에 약간의 특별함을 입히고 싶다면 스틱샐러드를 찍어 먹을 쌈장에 마요네즈를
섞어보자. 쌈장의 풍미는 한층 살리면서 고소하고 부드러운 맛까지 느낄 수 있다.
이처럼 식단을 다채롭게 구성하는 방법은 멀리 있지 않다.
기존 메뉴에 아이디어를 더한 소스로 조금만 변화를 주어도 새롭고 특별한 요리를
어렵지 않게 만들 수 있다.

매콤당면어묵탕

재료
모둠 어묵 15g, 무 20g, 당근 5g, 풋고추 1.67g, 대파 0.5g,
당면 6.67g, 국멸치 1.67g, 다시마 1.67g, 청양고추 1g
양념 : 고추장 8.33g, 고춧가루 1.67g, 국간장 1.67g,
다진 마늘 0.83g, 생강즙 0.5g, 설탕 1.67g, 소금 0.33g

재료
모둠 어묵 200g, 무(지름 10cm, 두께 2cm) 1/2개, 당근 1/4개,
풋고추 1개, 대파(5cm) 1개, 당면 60g, 국멸치 10마리,
다시마(5×5cm) 2장, 청양고추 1개
양념 : 고추장 5큰술, 고춧가루 3큰술, 국간장 1½큰술,
다진 마늘 1½큰술, 생강즙 2작은술, 설탕 3큰술, 소금 1작은술

Cooking Tip
어묵은 금방 익기 때문에
당면을 미리 30분 이상 불려놓으면
조리 시간이 훨씬 빨라져요.

1 어묵은 한 입 크기로 썰고, 당근은 0.3cm 폭의
   부채꼴 모양으로 썬다. 무는 나박썰기 하고, 풋고추와
   대파는 어슷하게 썬다.

2 당면은 미지근한 물에 담가 30분 정도 불린다.

3 국솥에 멸치, 다시마, 청양고추를 넣고 끓이다가 국물이
   끓어오르면 재료는 건져 버린다.

4 3의 국물에 무, 당근, 양념 재료를 넣고 잘 푼 다음
   센 불에서 당근과 무가 익을 때까지 끓인다.

5 4에 어묵을 넣고 어묵이 익으면 당면, 풋고추, 대파를 넣고
   중간 불에서 5분간 더 끓인다.

오리엔탈돈육구이

재료

돼지고기(삼겹살) 120g, 통양파 3.33g, 통마늘 1.66g, 대파 1.3g,
된장 1.66g, 커피 0.1g, 월계수 잎 0.1g, 마늘종 8.33g, 소금 0.11g

소스 : 춘장 5g, 양조간장 5g, 물엿 4.17g, 설탕 3.33g,
청주 2.33g, 다진 마늘 1g, 생강즙 1g, 식용유 0.16g

재료

돼지고기(삼겹살) 600g, 통양파 1개, 통마늘 6쪽, 대파(10cm) 1개,
된장 1큰술, 커피 1작은술, 월계수 잎 6장, 마늘종 30g,
소금 1/2작은술

소스 : 춘장 2큰술, 양조간장 3큰술, 물엿 3큰술, 설탕 2½큰술,
청주 2큰술, 다진 마늘 1/2큰술, 생강즙 1작은술, 식용유 1큰술

1. 냄비에 물을 붓고 핏물을 제거한 돼지고기, 된장, 커피,
   대파, 통마늘, 통양파, 월계수 잎을 넣고 1시간 동안 끓인다.
2. 돼지고기가 익으면 건져 한 입 크기로 썬다.
3. 팬에 식용유를 두른 후 먼저 다진 마늘을 넣고 볶아 향을
   낸 뒤 마늘이 노릇노릇해지면 나머지 소스 재료를 넣고 끓여
   오리엔탈 소스를 만든다.
4. 2의 돼지고기에 오리엔탈 소스를 골고루 바른 후 100℃로
   예열한 오븐에 넣고 건열모드에서 10분간 조리한다.
5. 마늘종은 5cm 길이로 썰어 소금을 뿌리고 식용유에 골고루
   버무려 오븐용 코팅팬에 담은 후 90℃로 예열한 오븐에서
   스팀모드로 5분간 조리한다. 가정 요리 시에는 프라이팬에
   식용유를 두르고 볶는다.
6. 4의 고기 위에 소스를 뿌리고 5를 얹는다.

Cooking Tip
돼지고기는 삼겹살, 앞다리,
뒷다리 등 다양하게 선택 가능해요.
춘장은 볶아서 사용해야
쓴맛이 없어요.

스틱샐러드 & 쌈장

단체급식용 / 10인량

재료
당근 13.05g, 오이 13.05g, 풋고추 1g
쌈장 : 쌈장 13.05g, 마요네즈 3.92g, 다진 마늘 1g,
실파 0.13g, 참기름 0.6g, 참깨 0.33g, 물 1.33g

가정용 / 4인분

재료
당근 1/2개, 오이 1/2개, 풋고추 4개
쌈장 : 쌈장 1컵, 마요네즈 1큰술, 다진 마늘 1/2큰술,
실파 2줄, 참기름 1/2큰술, 참깨 1작은술, 물 1큰술

1 당근, 오이는 스틱 모양으로 자른다.
풋고추는 두껍지 않은 것을 사용한다.
2 분량의 재료를 골고루 섞어 마요쌈장을 만든다.

치커리파채무침

단체급식용 / 10인분

재료

치커리 6.67g, 대파 3.33g

양념 : 고추장 1.33g, 고춧가루 0.66g,

2배 사과식초 0.33g, 설탕 0.33g, 다진 마늘 0.33g,

실파 0.17g, 참깨 0.13g, 물 1.33g

가정용 / 4인분

재료

치커리 60g, 대파(10cm) 1개

양념 : 고추장 2큰술, 고춧가루 1/2큰술,

2배 사과식초 1큰술, 설탕 1큰술, 다진 마늘 1작은술,

실파 2줄, 참깨 2작은술, 물 4큰술

1 치커리는 3cm 길이로 썰고, 대파는 가늘게 채 썬 후
  찬물에 각각 담가 놓는다.

2 분량의 재료를 섞어 양념장을 만든다. 이때 양념장의
  농도가 흐르는 정도가 되도록 물을 적당히 넣는다.

3 치커리와 대파의 물기를 제거한 후 양념장을 넣고
  버무린다.

Cooking Tip

채소는 조리하기 전
물에 살짝 담가 아삭한 식감을
유지해주세요.

비싼 쇠고기를 효율적으로 사용하기 위한 이색 메뉴 제안

비프케사디아와 자이언트미트볼 한상

{
비프케사디아
자이언트미트볼
고추장스파게티
수제마늘빵

쇠고기는 지금도 귀한 식품이지만 옛날에는
훨씬 더 귀했다. 고려시대에는 살생을 금하는
불교가 국교였으니 소를 잡을 수 없었고,
조선시대에는 고려시대에 비해 많이 먹긴 했으나
농삿일에 성인 5~6명의 노동을 대신하는 소를 보호하기
위한 '우금령' 때문에 아무나 도살하지 못했다. 하지만 사대부들
사이에 쇠고기를 구워 먹는 '난로회'가 유행하는 등 한 번이라도 맛본 사람은
그 맛의 매력에서 헤어나지 못하고 공공연한 비밀로 쇠고기를 먹었다고 전해진다.
하지만 우리나라에서 쇠고기는 다른 육류에 비해 단가가 높기 때문에 많은 양을
급식 메뉴에 사용하기 어려운 실정이다. 따라서 효율적으로 활용할 수 있는 메뉴를
선택하는 것이 중요한데, 비프케사디아와 미트볼은 소량의 쇠고기를 사용하거나,
쇠고기 대신 감칠맛나는 돼지고기를 사용하는 방법으로 먹는 사람의 포만감과
만족감을 높일 수 있는 메뉴다.
비프케사디아는 토르티야 안에 쇠고기뿐만 아니라 다양한 채소와 모차렐라 치즈를
넣어 맛과 영양의 균형을 맞출 수 있고, 미트볼은 쇠고기보다 단가가 저렴한
돼지고기를 충분히 사용할 수 있을 뿐만 아니라 반죽할 때 채소를 함께 섞어
풍성하게 먹을 수 있기 때문이다. 또 하나, 미트볼은 작게 빚으면 만들어야 할
개수가 많아져 많은 양을 준비하기 어려우니 주먹만큼 커다란 크기로 만들어보자.
조리 과정이 훨씬 간편하고 보기에도 한결 푸짐하다.

비프케사디아

재료

쇠고기(또는 닭가슴살) 불고기용 40g, 토르티야(6인치) 20g,
모차렐라 치즈 29.17g, 체더치즈 3.67g

양념 : 양파 13.33g, 풋고추 3g, 다진 마늘 0.5g,
생강즙 0.5g, 양조간장 1g, 설탕 1g, 청주 2g, 후춧가루 0.13g,
소금 0.16g

재료

쇠고기(또는 닭가슴살) 불고기용 250g, 토르티야(8인치) 4장,
모차렐라 치즈 2컵, 체더치즈 4장

양념 : 양파 1/2개, 풋고추(또는 할라피뇨) 5개,
다진 마늘 1큰술, 생강즙 1큰술, 양조간장 2큰술, 설탕 2큰술,
청주 3큰술, 후춧가루 1/4작은술, 소금 1작은술

Cooking Tip
단체급식에서는
토르티야 한 장에 재료를 넣고
반을 접어 구우면
작업이 수월해요.

1 양파는 채 썰고, 풋고추는 모양대로 동그랗게 썬다.

2 쇠고기는 다진 마늘, 생강즙, 양조간장, 설탕, 청주,
   후춧가루, 소금, 양파, 풋고추를 섞어 만든 양념장에 재워
   30분간 냉장고에 보관한다.

3 팬에 2의 쇠고기를 넣고 볶은 후 고기가 익으면 한 김
   식힌 다음 모차렐라 치즈와 체더치즈를 넣고 잘 섞는다.

4 오븐용 코팅팬에 토르티야를 깔고, 그 위에 4의 재료를
   올린 후 다시 한 번 토르티야로 덮어서 180℃로
   예열한 오븐에 넣고 5분간 굽는다.

자이언트미트볼

단체급식용 / 10인분

재료

돼지고기(다진 것) 83.33g, 빵가루 12g, 달걀물 5g, 마늘 3.33g,
양파 2.5g, 당근 1.67g, 생강 1g, 대파 0.5g, 식용유 0.52g

양념 : 양조간장 2.5g, 우스터 소스 2.5g, 고추장 1.67g,
청주 2.33g, 소금 0.83g, 후춧가루 0.11g

가정용 / 4인분

재료

돼지고기(다진 것) 340g, 빵가루 1/2컵, 달걀물 2큰술,
다진 마늘 2½큰술, 양파 1/4개, 당근 1/5개, 생강즙 1/2큰술,
대파(5cm) 1개, 식용유 4큰술

양념 : 양조간장 1큰술, 우스터 소스 1큰술, 고추장 1/2큰술,
청주 2큰술, 소금 1작은술, 후춧가루 1/2작은술

1 양파, 당근, 대파, 마늘, 생강은 곱게 다진다.

2 분량의 양념 재료를 잘 섞는다.

3 돼지고기에 다진 채소와 2의 양념, 달걀물, 빵가루를 넣고
   잘 치댄 후 냉장고에 30분간 넣고 재운다.

4 손에 식용유를 바르고 3의 반죽을 넓은 동그라미 모양으로
   빚는다.

5 4를 오븐용 코팅팬에 담아 190℃로 예열한 오븐에 넣고
   건열모드에서 20분간 익힌다.

Cooking Tip

반죽은 동그랗게 빚은 후
속까지 잘 익을 수 있도록
타원 모양으로 눌러주세요.

고추장스파게티

재료

스파게티 면 83.33g, 돼지고기(다진 것) 16.67g, 양파 25g,
피망 5g, 주황 파프리카 3.33g, 노랑 파프리카 3.33g,
양송이버섯 3.33g, 다진 마늘 4.17g, 버터 3.33g, 청주 1.67g,
소금 1g, 월계수 잎 0.08g, 파르메산 치즈 가루 5g,
올리브유 4.17g, 파슬리 가루 0.02g, 후춧가루 0.1g,
소금(면 삶기 용) 1g, 식용유(면 삶기 용) 1.6g

고추장토마토소스 : 토마토페이스트 35g, 토마토케첩 25g,
고추장 23.33g, 양조간장 4g, 우스터 소스 3g, 설탕 4.17g,
물 20g

재료

스파게티 면 320g, 돼지고기(다진 것) 200g, 양파 1/2개,
피망 1/2개, 주황 파프리카 1/2개, 노랑 파프리카 1/2개,
양송이버섯 6개, 다진 마늘 3큰술, 버터 3큰술, 청주 1작은술,
소금 1작은술, 월계수 잎 5장, 파르메산 치즈 가루 4큰술,
올리브유 2큰술, 파슬리 가루 1큰술, 후춧가루 1/2작은술,
소금(면 삶기 용) 1작은술, 식용유(면 삶기 용) 2큰술

고추장토마토소스 : 토마토페이스트 2/3컵,
토마토케첩 1/2컵, 고추장 2/3컵,
양조간장 4큰술, 우스터 소스 3큰술,
설탕 4큰술, 물 1½컵

1. 식용유와 소금을 넣은 끓는 물에 스파게티 면을 넣고
   15분간 삶은 후 건져 물기를 뺀다.
2. 삶은 스파게티 면은 올리브유와 파슬리 가루를 넣고
   골고루 버무린다.
3. 양파, 파프리카, 피망은 1×1cm 크기로 사각썰기 하고,
   양송이버섯은 모양을 살려 슬라이스 한다.
4. 팬에 버터를 넣고 양파와 다진 마늘을 넣고 볶다가
   마늘 색이 노릇해지면 돼지고기, 청주, 소금, 후춧가루를
   넣고 고기가 익을 때까지 볶는다.
5. 4의 고기가 익으면 분량의 소스 재료와 월계수 잎을
   넣은 후 고기가 자작하게 잠길 정도로 물을 넣고 푹 끓인다.
6. 소스가 걸쭉해지면 3의 채소를 넣고 익으면
   파르메산 치즈 가루를 넣는다.

Cooking Tip

기존 토마토스파게티 소스에
고추장을 넣으면 매콤하면서
개운한 맛이 나요.

수제마늘빵

단체급식용 / 10인량

재료

식빵(또는 바게트빵) 25g, 버터 11g, 양파 2.5g, 마늘 1.6g,
설탕 5g, 파슬리 가루(또는 바질 가루) 0.36g

가정용 / 4인분

재료

식빵(또는 바게트빵) 6쪽, 버터 3큰술, 다진 양파 3큰술,
다진 마늘 2큰술, 설탕 1.5큰술,
파슬리 가루(또는 바질 가루) 1작은술

1 버터는 실온에 두고 말랑말랑한 상태로 만든다.
2 양파와 마늘은 잘게 다진다.
3 볼에 1의 버터와 양파, 마늘, 설탕을 넣고 잘 섞는다.
4 식빵의 한 쪽 면에 3을 바른다.
5 오븐용 코팅팬에 4를 담고 위에 파슬리 가루를 뿌린 후
   180℃로 예열한 오븐에 넣고 7분간 굽는다.

Cooking Tip

마늘빵의 바삭한 식감이 살도록
식빵 한 쪽 면에만
섞은 재료를 발라요.

다양한 해물과 오렌지로 고급진 맛을 연출하는

해물떡찜과
오리엔탈오렌지샐러드 한상

{
닭곰탕
해물떡찜
참진미채땅콩볶음
오리엔탈오렌지샐러드

우리나라에는 해물찜, 계란찜, 찜닭, 갈비찜, 김치찜 등 수많은
찜 요리가 있다. 다양한 식재료에 갖은 양념을 더하고 국물을 부어
오랫동안 끓이거나 쪄서 만드는 찜 요리는 어떤 식재료를 넣든지
따뜻하면서 부드러운 맛을 내는 것이 특징이다.
그중 해물떡찜은 해물과 떡을 넣고 매콤한 양념을 더해 찌는
요리다. 원래 해산물과 떡을 잘 익히려면 시간이 오래 걸리지만
오븐을 이용하면 조리 과정이 훨씬 간편하고 조리 시간도 짧아진다.
양념에 찜용 가래떡, 해산물, 채소를 넣고 버무린 뒤 오븐에 넣고
15분만 기다리면 완성할 수 있기 때문. 해산물의 단가는 높은
편이지만 떡과 채소를 더한 해물떡찜을 준비하면 해산물을 적은
양만 넣고도 푸짐한 요리를 만들 수 있다.
매콤한 양념에 버무린 떡과 해산물을 먹다 보면 입가심할 만한
메뉴를 찾게 되는데, 이때 오리엔탈 드레싱에 버무린
오렌지샐러드를 곁들이면 제격이다. 오렌지는 다른 과일에 비해
약간 비싸고, 먹을 때 두꺼운 껍질을 벗기기 어려우니 이를
보완하기 위해 샐러드로 준비하면 단품으로 나가는 것보다 적은
양으로 상큼한 맛을 충분히 전하면서 채소까지 듬뿍 먹을 수 있다.
오렌지는 아이들이 좋아하는 과일 중 하나인데다 비타민 C가
풍부하고 섬유질, 비타민 A도 풍부해 피로를 해소하고 피부를
깨끗하게 할 뿐만 아니라 식사를 상큼하게 마무리 할 수 있다.

닭곰탕

단체급식용 / 10인용

재료

통닭 37.5g, 당면 3.33g, 감자 16.67g, 무 15g, 양파 10g,
당근 3.33g, 통마늘 2.5g, 통생강 1.67g, 수삼 1.44g, 대파 1.67g,
청양고추 0.95g, 실파 0.67g, 청주 1.17g, 생강즙 0.83g,
소금 1g, 후춧가루 0.03g

가정용 / 4인분

재료

통닭 1kg, 당면 60g, 감자 1개, 무 (지름 10cm, 두께 2cm) 1토막,
양파 1/2개, 당근 1/4개, 통마늘 1컵, 통생강 3톨,
수삼 3뿌리(30g), 대파 1/2대, 청양고추 2개, 실파 4줄,
청주 1/2컵, 생강즙 1큰술, 소금 1큰술, 후춧가루 1작은술

1. 냄비에 찬물을 붓고 통닭, 통생강, 통마늘, 수삼, 대파,
   청주를 넣고 끓여 국물을 우려낸다.
2. 1의 육수가 뽀얗게 우러나면 통닭은 건져 살을 바르고,
   나머지 재료는 버린다.
3. 당면은 미지근한 물에 30분간 담가 불린다.
4. 감자는 0.5cm, 당근은 0.3cm 폭의 부채꼴 모양으로 썰고,
   무는 도톰하게 나박썰기, 양파는 가로세로 2cm 크기로
   사각썰기 한다. 실파는 총총 썰고, 청양고추는 다진다.
5. 2의 육수에 닭고기와 감자, 당근, 무, 양파, 생강즙을 넣고
   채소가 익을 때까지 끓인다.
6. 5에 소금과 후춧가루를 넣어 간하고, 불린 당면을 넣고
   5분 정도 끓이다 불을 끄고 실파와 청양고추를 넣는다.

Cooking Tip

닭을 삶을 때 된장1/2큰술
(1마리 기준)을 넣으면 된장 맛은
나지 않으면서 효과적으로
잡내를 없앨 수 있어요.

Cooking Tip

청경채와 팽이버섯을
제외한 모든 재료와 양념을 섞어
오븐 조리하면 간편해요.

해물떡찜

단체급식용 / 10인분

재료

가래떡(찜용) 66.67g, 오징어 링 15g, 흰다리새우 7.95g,
건홍합 1.67g, 양파 16.67g, 양배추 13.33g, 청경채 10g,
당근 5.83g, 팽이버섯 5g, 대파 0.67g, 청주 1.17g, 소금 0.33g,
후춧가루 0.1g

양념 : 양조간장 5.83g, 고추기름 3.33g, 고추장 2.5g,
고춧가루 2.5g, 물엿 1.67g, 설탕 1.67g, 다진 마늘 0.5g

가정용 / 4인분

재료

가래떡(찜용) 600g, 오징어 링 300g, 흰다리새우 12마리,
홍합 10개, 양파 1개, 양배추 4장, 청경채(토핑용) 1개, 당근 1/2개,
팽이버섯 1/2봉, 대파(흰부분, 10cm) 1개, 청주 5큰술,
소금 1작은술, 후춧가루 1/2작은술

양념 : 양조간장 4큰술, 고추기름 3큰술, 고추장 3큰술,
고춧가루 4큰술, 물엿 2½큰술, 설탕 2½큰술, 다진 마늘 1큰술

1 양파와 양배추는 가로세로 2cm 크기로 사각썰기 하고,
   당근은 반달 모양으로 썬다. 대파는 어슷하게 썬다.

2 오징어, 새우, 홍합은 깨끗하게 씻어 청주, 소금,
   후춧가루를 뿌려 재운다.

3 분량의 양념장 재료를 잘 섞은 다음 1의 채소와 2의 해물,
   가래떡에 넣고 버무린다.

4 3을 오븐 일반팬에 담아 덮개를 덮은 후 160℃로 예열한
   오븐에 넣고 습열모드로 20~25분간 조리한다.

5 완성된 해물떡찜 위에 청경채, 팽이버섯을 올린다.
   단체급식에서는 청경채, 팽이버섯을 익혀서 올려
   메뉴의 위험성을 줄이도록 한다.

참진미채땅콩볶음

단체급식용 / 10인량

재료

참진미채 11.67g, 식용유 0.29g, 다진 마늘 0.33g, 청주 0.17g,
양조간장 0.33g, 물엿 1.33g, 올리고당 0.5g, 참기름 0.01g,
땅콩 2.5g, 참깨 0.09g, 식용유 약간

가정용 / 4인분

재료

참진미채 200g, 식용유 1/2큰술, 다진 마늘 1/2큰술, 청주 1큰술,
양조간장 2큰술, 물엿 1큰술, 올리고당 2큰술, 참기름 1/2큰술,
땅콩 3큰술, 참깨 2작은술, 식용유 약간

Cooking Tip

진미채를 요리하기 전에
끓는 물에 데치거나
마요네즈에 버무리면
훨씬 부드러워져요.

1 참진미채는 끓는 물에 살짝 데친다.

2 팬에 식용유를 두르고 다진 마늘, 청주, 양조간장, 물엿,
올리고당을 넣어 끓이다가 1의 참진미채를 넣고
양념이 진미채에 스며들 때까지 충분히 볶는다.

3 참진미채에 윤기가 돌면 불을 끄고 참기름, 땅콩, 참깨를
넣고 한 번 더 버무린다.

오리엔탈오렌지샐러드

재료

오렌지 15.67g, 양상추 18.28g, 베이비채소 1.16g

소스 : 양조간장 0.66g, 꿀 5.22g, 설탕 0.33g,

포도씨유 1.04g, 레몬즙 0.78g, 참기름 0.52g, 소금 0.33g

재료

오렌지 2개, 양상추 1/4통, 베이비채소 10g

소스 : 양조간장 1큰술, 꿀 2큰술, 설탕 1작은술,

포도씨유 2작은술, 레몬즙 1큰술, 참기름 1작은술,

소금 1/2작은술

Cooking Tip

칼로 사과 깎듯 오렌지 껍질을
제거하면 깨끗하게 과육만
사용할 수 있어요.

1 오렌지는 위와 아래를 살짝 잘라내 평평하게 한 뒤
윗부분의 껍질 가장자리에 칼을 넣어 오렌지의
하얀 곡선에 따라 과육이 많이 잘리지 않도록
껍질을 벗긴다. 껍질을 벗긴 과육의 흰 선 안 쪽에
칼집을 V자로 넣어가며 과육만 떠낸다.

2 양상추와 베이비채소는 깨끗이 씻어 물기를
제거한 후 먹기 좋은 크기로 뜯는다.

3 포도씨유를 제외한 나머지 소스 재료를
잘 섞는다.

4 3에 포도씨유를 조금씩 넣으면서
거품기를 사용해 잘 젓는다.

5 샐러드 채소와 오렌지에 완성한
오리엔탈 드레싱을 넣고 버무린다.

유명 식당의 시그니처 메뉴를 간단하게 뚝딱 만드는 비법

깍두기볶음밥과 목살스테이크 한상

{
깍두기볶음밥
목살스테이크
양파크림드레싱샐러드
모둠채소피클

국밥을 먹으러 가면 자연스레 찾는 깍두기. 우리가 언제부터 왜 깍두기를 먹기
시작했는지 각종 설이 난무하지만 시기적으로 19세기 후반에 퍼졌다고 보는 시각에는
이견이 없다. 정조의 딸이 임금에게 처음 올렸다는 설, 영·정조 시대 작품인 춘향전에
깍두기가 등장하는 장면, 깍두기 조리법이 적힌 〈시의전서〉 등 깍두기와 관련한
자료가 모두 19세기 후반을 지목하기 때문이다.

만드는 법은 배추김치에 비해 쉬운 편이다. 집집마다 넣는 양념이나 재료는 조금씩
다르지만 무를 육면체 사각형으로 썬 후 고춧가루에 버무리고 각종 양념을 더하는
과정은 비슷하다. 잘 익은 깍두기는 매콤한 양념에 어우러진 아삭한 무의 달고
시원한 맛이 일품이다.

매력 만점 깍두기로 볶음밥을 만들면 배추김치로 만든 볶음밥과는 또 다른 맛을
즐길 수 있다. 유명한 고기 전문 식당의 메뉴로 더 잘 알려진 깍두기볶음밥은
밥과 섞인 깍두기가 아삭아삭 씹혀 먹는 재미를 더한다. 볶음밥은 소수의 인원에 맞춰
준비하기엔 간편한 메뉴지만 양이 많아지면 볶기가 쉽지 않다. 이럴 때 재료를
따로 볶고 볶음밥 소스를 따로 준비해 먹는 사람이 직접 섞어 먹도록 구성하는 방법도
있다. 밥과 함께 볶는 조리 과정이 줄어들고 손수 섞어 먹는 즐거움이 새롭다.

여기에 수제 소스 레시피로 맛을 낸 목살을 오븐에서 15분만 구우면 유명 프랜차이즈
식당의 시그니처 메뉴로 알려진 목살스테이크를 간편하게 완성할 수 있으니
깍두기볶음밥과 함께하면 더할 나위 없는 한상 차림이다.

깍두기볶음밥

재료
쌀 71.6g, 보리 11.93g, 찹쌀 7.16g, 대파 3.33g, 감자 11.93g,
당근 4.77g, 양파 9.55g, 깍두기 35.8g, 총각김치 23.87g,
식용유 1.19g, 김가루 2.39g, 참깨 0.05g, 들기름 4g
양념 : 고추장 19.09g, 물엿 7.16g, 고추기름 5.97g,
양조간장 3.58g, 설탕 1.19g, 다진 마늘 0.95g, 생강즙 0.24g,
청주 1.19g, 후춧가루 0.02g

재료
밥 3공기, 대파(8cm) 1개, 감자 1/2개, 당근 1/4개, 양파 1/3개,
깍두기 1컵, 총각김치 1/2컵, 식용유 3큰술, 김가루 1컵,
참깨 4작은술, 들기름 4큰술
양념 : 고추장 2큰술, 물엿 1큰술, 고추기름 1큰술,
양조간장 1/2큰술, 설탕 1작은술, 다진 마늘 1작은술,
생강즙 1/2작은술, 청주 1/2큰술, 후춧가루 1/4작은술

1 쌀, 보리, 찹쌀은 깨끗이 씻어 밥을 짓는다.
2 깍두기, 총각김치, 감자, 양파, 당근은 사방 1cm 크기로 썬다.
3 분량의 재료를 섞어 양념장을 만든다.
4 팬에 식용유를 두르고 센 불에서 송송 썬 대파를 볶고
   감자, 당근, 양파, 깍두기, 총각김치도 각각 따로 볶는다.
5 볶음 팬에 밥과 3의 양념장, 볶은 김치와 채소를 넣고
   골고루 섞어가며 볶는다.
6 마지막으로 참깨와 들기름을 넣고 한 번 더 섞은 후
   김가루를 올린다. 단체급식에서는 밥과 양념장을 따로
   배식하는 것이 좋다.

Cooking Tip
깍두기는 볶음밥과 함께
수저로 떠 먹을 수 있도록
너무 크지 않게 썰어주세요.

Cooking Tip
돼지 목살에 돼지의
다른 부위를 함께 사용하면
단가를 낮출 수 있어요.

목살스테이크

단체급식용 / 10인량

재료

돼지고기 목살(스테이크 용) 100g, 브로콜리 7.16g, 양파 4.77g,
당근 3.58g, 눈꽃치즈 9.55g, 생강즙 0.24g, 청주 0.95g,
소금 0.72g, 후춧가루 0.02g

소스 : 양조간장 5g, 물 5g, 설탕 2.5g, 물엿 1g, 사과 1.6g,
통양파 1.5g, 통마늘 1.5g, 통생강 1.3g, 대파 0.3g, 핫소스 0.5g,
감자전분 0.16g

가정용 / 4인분

재료

돼지고기 목살(스테이크 용) 600g, 브로콜리 1/4송이,
양파 1개, 당근 1/3개, 눈꽃치즈 4큰술, 생강즙 1큰술, 청주 3큰술,
소금 1작은술, 후춧가루 1/2작은술

소스 : 양조간장 1/2컵, 물 1/2컵, 설탕 2큰술, 물엿 1/2큰술,
사과 1/6개, 통양파 1/4개, 통마늘 4개, 통생강 1/2톨,
대파(5cm) 1개, 핫소스 2작은술, 감자전분 1큰술

1 목살은 오븐용 코팅팬에 담은 후 생강즙, 청주, 소금,
  후춧가루를 뿌려 냉장고에 넣고 20~30분 동안 재운다.

2 1의 목살을 180℃로 예열한 오븐에 넣고 건열모드에서
  10분간 1차 애벌구이한다.

3 냄비에 분량의 소스 재료를 넣고 끓이다가 사과 껍질이
  쭈글쭈글해지면 사과를 포함한 재료들을 건져 버리고,
  물 전분을 넣어 걸쭉하게 농도를 맞춘다.

4 애벌구이한 2의 목살에 3의 소스를 골고루 바른 후
  180℃로 예열한 오븐에 넣고 건열모드에서 15분간 굽는다.

5 브로콜리는 끓는 물에 데쳐 건지고, 당근은 0.3cm 두께의
  부채꼴 모양으로 썰고, 양파는 사방 2cm 크기로 썬 후
  각각 따로 기름 두른 팬에 넣고 볶는다.

6 목살스테이크 위에 5의 채소를 올리고, 눈꽃치즈를 뿌린다.

양파크림드레싱샐러드

단체급식용 / 10인분

재료

양상추 14.32g, 빨강 파프리카 1.67g, 노랑 파프리카 1.67g,
치커리 0.48g, 방울토마토 2.39g, 메추리알(삶은 것) 7.16g

드레싱 : 양파 1.19g, 마요네즈 11.93g, 생크림 2.39g, 설탕 0.72g,
2배 사과식초 0.48g, 소금 0.06g, 후춧가루 0.24g

가정용 / 4인분

재료

양상추 1/4통, 빨강 파프리카 1/4개, 노랑 파프리카 1/4개,
치커리 15g, 방울토마토 1/2컵, 메추리알(삶은 것) 8개

드레싱 : 다진 양파 1큰술, 마요네즈 2/3컵, 생크림 1/3컵,
설탕 2/3큰술, 2배 사과식초 1/2작은술, 소금 1/2작은술,
후춧가루 1/8작은술

Cooking Tip

드레싱에 들어가는 생크림은
휘핑하지 않은 채로 넣어야
진한 맛을 즐길 수 있어요.

1 양상추, 방울토마토는 깨끗이 씻어 물기를 제거한 후
  양상추는 먹기 좋은 크기로 뜯는다. 치커리는 2cm 길이로
  썰고, 파프리카는 반으로 잘라 씨를 뺀 후 2×3cm 크기로
  썬다.

2 양파는 믹서에 넣고 곱게 간다.

3 2의 양파에 분량의 드레싱 재료를 넣고 잘 섞어
  양파크림드레싱을 만든다.

4 1의 채소와 메추리알에 양파크림드레싱을 곁들인다.

모둠채소피클

단체급식용 / 10인량

재료

무 11.67g, 오이 13.33g, 당근 5g, 양파 4.17g, 레몬 1.67g,
건 홍고추 0.1g, 월계수 잎 0.1g, 통후추 0.1g

초절임물 : 물 5g, 설탕 5g, 2배 사과식초 2.5g, 소금 0.5g

가정용 / 4인분

재료

무 1kg, 오이 1개, 당근 1/4개, 양파 1/2개, 레몬 1개,
건 홍고추 1개, 월계수 잎 5장, 통후추 1작은술

초절임물 : 물 3컵, 설탕 3컵, 2배 사과식초 1½컵, 소금 4큰술

Cooking Tip

피클 국물이 깔끔하도록
오이는 씨를 제거한 뒤
막대 모양으로 절단해주세요.

1 오이는 굵은 소금으로 깨끗하게 씻은 후 세로로 4등분해
   씨를 제거하고, 4cm 길이로 썬다.

2 무, 당근, 양파도 오이와 비슷한 크기로 막대 모양으로
   썬다. 홍고추는 2cm 두께로 어슷하게 썰고, 레몬은 얇게
   슬라이스 한다.

3 냄비에 초절임물 재료를 넣고 끓인다.

4 피클을 담을 용기는 열탕소독한 뒤 물기를 제거한다.

5 4의 용기에 오이를 비롯한 채소를 넣고 초절임물과
   월계수잎, 통후추를 넣고 뚜껑을 닫는다.

6 피클은 반나절 정도 실온에 두었다가 냉장고에
   넣고 하루 정도 보관한 후 먹는다.

PART 04

요리에 과학을 더해 맛을 업그레이드한
시크릿 노하우

요리를 맛있게 만들기 위한 전제 조건으로는 신선한 재료, 정확한 레시피 등을 들 수 있지만
똑같은 재료를 갖고 똑같이 만든다고 해도 맛이 다른 경우가 많다.
요리의 맛은 의외로 아주 작은 부분에서 좌우되기도 한다.
예를 들어 조미료를 넣을 때는 분자량이 큰 것부터 넣어야 맛을 고르게 낼 수 있고,
스파게티 면을 삶을 때 소량의 기름을 넣으면 물이 끓어 넘치지 않을뿐더러 면이
서로 달라붙지 않게 만든다. 이것이 바로 요리의 과학이다.
한때 분자 요리가 인기를 끌기도 했지만, 이제 일상 요리에도 과학적 접근이 필요하다.
따라서 이번 파트에서는 요리를 더욱 맛있게, 효과적으로 할 수 있는 방법에 대해 소개한다.
수제비 반죽을 더욱 쫄깃하게 만드는 방법, 연근을 하얗고 아삭하게 조리하는 방법 등
요리의 과학을 통해 음식 맛을 업그레이드 해보자.

특별한 반죽 비법으로 쫄깃쫄깃하게 식감을 살린

시금치홍합수제비국과
양파채허브닭구이 한상

시금치홍합수제비국
양파채허브닭구이
두부카나페
동전쥐포볶음

수제비는 보통 어려웠던 시절에 먹었던 서민 음식으로 추억하는 사람이 많지만,
역사 속에서 수제비는 양반집 잔칫상에 오르기도 했다. 그리고 이때의 수제비는
귀한 밀가루 대신 쌀가루로 만들어 먹기도 했다. 이처럼 조선 중기의 기록에서부터
등장한 수제비는 오늘날까지 오랜 시간 사랑을 받고 있는 음식이다.

수제비 조리법은 진하게 우려낸 육수에 반죽을 조금씩 얇게 떼어 넣어 만드는 것이
일반적이다. 얇고 매끄러우면서도 쫀득한 식감이 수제비의 맛을 좌우한다.

보다 쫄깃쫄깃한 수제비를 완성하기 위해서는 반죽에 소금을 넣고, 수제비를 삶을
때도 맹물이 아니라 소금물을 사용하는 것이 포인트다. 맹물을 끓여 수제비를
넣으면 삼투압으로 인해 물이 순식간에 반죽에 스며들어 수제비가 금세 퍼지는 데
반해 소금을 넣으면 반죽이 오래도록 쫄깃하다.

또 수제비를 삶을 때 중간에 찬물을 넣는 것도 방법이다. 찬물을 넣으면 물이 끓어
넘치는 것을 방지할 수 있을 뿐만 아니라 물의 온도를 낮춰 수제비가 너무 익지
않도록 하기 때문에 붇지 않고 쫄깃한 수제비를 만들 수 있다.

또 한 가지, 양파채가 들어가는 메뉴를 만들 때 양파를 손질하다가 눈물 흘린
경험이 있다면 1시간 전쯤 냉장고에 양파를 보관해 온도를 낮추거나,
물에 10분 정도 담가 두어 양파에 함유된 휘발성의 최루물질인 황화알릴 성분이
빠져나가도록 한 후 손질하면 된다.

시금치홍합수제비국

재료

양파 8.25g, 대파 2.06g, 청양고추 0.39g, 다진 마늘 0.82g,
건홍합 6.6g, 청주 1.03g, 국간장 1g, 소금 1.03g, 후춧가루 0.21g,
식용유 약간

수제비 반죽 : 밀가루 20.62g, 감자전분 3.3g, 시금치 1.6g,
식용유 2.5g, 소금 0.25g

재료

양파 1/2개, 대파(10cm) 1개, 청양고추 2개, 다진 마늘 1큰술,
홍합 600g, 청주 1/2컵, 국간장 1큰술, 소금 2작은술,
후춧가루 1/2작은술, 물 8컵, 식용유 약간

수제비 반죽 : 밀가루 3컵, 감자전분 1큰술, 시금치 90g,
식용유 1큰술, 소금 1작은술

1 시금치는 믹서에 넣고 갈아서 즙을 낸다.
2 볼에 밀가루, 감자전분, 소금을 잘 섞은 후 1의 시금치 즙과
    뜨거운 물을 넣고 익반죽해 수제비 반죽을 만든다.
3 2의 반죽은 도마에 올려 덩어리로 뭉쳐 10번 정도 치댄 후
    냉장고에 넣고 20분 정도 휴지한다.
4 손바닥에 식용유를 바르고 끓는 물에 수제비 반죽을 조금씩
    떼어 넣어 반죽이 익으면 건져서 찬물에 헹궈 물기를 뺀다.
5 양파는 채 썰고, 대파는 어슷하게 썰고, 청양고추는 송송 썬다.
6 국솥에 물을 붓고 홍합과 청주를 넣어 센 불에서 끓인 뒤
    국물이 끓어오르면 양파를 넣고 한소끔 끓인다.
7 4의 수제비, 대파, 청양고추, 다진 마늘, 국간장, 소금,
    후춧가루를 넣어 완성한다.

Cooking Tip
반죽을 냉장고에서
30분 정도 휴지시키면 반죽 속에
수분이 퍼지면서 쫄깃쫄깃한
수제비를 만들 수 있어요.

양파채허브닭구이

단체급식용 / 10인량

재료

닭다릿살 125g, 양파 26.67g, 통마늘 6.66g, 다진 마늘 5g,
생강즙 1.6g, 청주 6g, 말린 허브(로즈마리, 바질 등) 0.75g,
소금 1.66g, 후춧가루 0.33g, 식용유 약간

소스 : 고추장 2.5g, 토마토케첩 4g, 올리고당 5g,
양조간장 1.33g, 설탕 1g, 다진 마늘 1.6g, 생강즙 0.16g,
식용유 0.3g

가정용 / 4인분

재료

닭다릿살 700g, 양파 2개, 통마늘 8쪽, 다진 마늘 4큰술,
생강즙 1½큰술, 청주 3큰술, 말린 허브(로즈마리, 바질 등) 1큰술,
소금 1작은술, 후춧가루 1/2작은술, 식용유 약간

소스 : 고추장 2½큰술, 토마토케첩 3큰술, 올리고당 3큰술,
양조간장 1½큰술, 설탕 1큰술, 다진 마늘 1½큰술,
생강즙 1작은술, 식용유 1큰술

1 닭다릿살은 허브, 생강즙, 다진 마늘, 청주, 소금,
후춧가루를 넣고 염지한다.

2 1의 닭다릿살은 180℃로 예열한 오븐에 넣고 건열모드에서
12분간 애벌구이한다.

3 양파는 채 썰고, 마늘은 얇게 편으로 썬 뒤 식용유에
버무려 오븐용 코팅팬에 담은 후 170℃로 예열한 오븐에
넣고 건열모드로 10분간 익힌다(또는 기름 두른 팬에
노릇하게 볶는다).

4 팬에 식용유를 두르고 다진 마늘을 넣고 볶다가 분량의
소스 재료를 넣고 잘 섞어서 끓인다.

5 2의 애벌구이한 닭다릿살에 4의 소스를 바른 후 160℃로
예열한 오븐에 넣고 건열모드에서 10분간 굽는다.

6 완성한 닭구이에 익힌 양파와 마늘을 올린다.

두부카나페

단체급식용 / 10인량

재료
두부 60g, 돼지 앞다릿살 20g, 배추김치(익은 것) 13.33g,
양파 4.17g, 애호박 4.17g, 깻잎 1.67g, 풋고추 0.33g,
홍고추 0.17g, 대파 0.33g, 감자전분 0.33g, 청주 0.2g,
소금 0.02g, 후춧가루 0.1g, 식용유 3g
양념장 : 고추장 5g, 물엿 0.67g, 양조간장 0.33g,
고춧가루 0.33g, 다진 마늘 0.33g, 생강즙 0.33g, 참기름 0.2g

가정용 / 4인분

재료
두부 1모, 돼지 앞다릿살 150g, 배추김치(익은 것) 1/2컵,
양파 1/4개, 애호박 1/4개, 깻잎 2장, 풋고추 1/2개, 홍고추 1/2개,
대파(5cm) 1개, 감자전분 1컵, 청주 1/2큰술, 소금 1/2작은술,
후춧가루 1/4작은술, 식용유 1/2컵
양념장 : 고추장 3큰술, 물엿 1큰술, 양조간장 1/2큰술,
고춧가루 1/2큰술, 다진 마늘 1/2큰술, 생강즙 1/2큰술,
참기름 1작은술

1 두부는 1모당 8조각으로 나눠 썬 후 감자전분을 묻혀
 기름 두른 오븐용 코팅팬에 담은 다음 180℃로 예열한
 오븐에 넣고 10분간 굽는다.

2 돼지고기는 사방 1cm 크기로 썬 후 청주, 소금,
 후춧가루를 넣고 재운다.

3 배추김치, 양파, 애호박은 사방 1cm 크기로 썰고 홍고추,
 풋고추, 대파는 어슷하게 썬다. 깻잎은 두부 크기의 맞춰
 자른다.

4 팬에 식용유를 두르고 돼지고기를 넣고 볶다가 고기가
 반 정도 익으면 양파를 넣고 볶는다. 양파가 투명해지면
 배추김치, 애호박, 대파를 넣고 5분간 더 볶다가
 분량의 양념장 재료와 홍고추, 풋고추를 넣고 국물이
 없어질 때까지 볶는다.

5 1의 두부 위에 4등분한 깻잎을 올리고, 4의 양념을
 숟가락으로 떠서 올린다.

Cooking Tip
두부에 전분을 묻혀
조리해야 두부가 잘 안 으깨지고
노릇하게 구워져서 모양과
색이 예뻐요.

동전쥐포볶음

단체급식용 / 10인분

재료

동전쥐포 10g, 참깨 0.1g

양념 : 양조간장 0.5g, 물엿 0.5g, 설탕 0.3g, 청주 0.33g,
생강즙 0.13g, 참기름 0.16g, 식용유 0.16g

가정용 / 4인분

재료

동전쥐포 2컵, 참깨 1작은술

양념 : 양조간장 1큰술, 물엿 1큰술, 설탕 1/2큰술, 청주 2작은술,
생강즙 1작은술, 참기름 1작은술, 식용유 1작은술

Cooking Tip

쥐포는 너무 딱딱하지 않도록
오븐에서 노릇하게
익을 정도로만 구워요.

1. 동전쥐포는 190℃로 예열한 오븐에 넣고 건열모드로
   4분간 굽는다.
2. 분량의 재료를 섞어 양념장을 만든다.
3. 팬에 2의 양념장을 넣고 바글바글 끓인 후 불을 끄고
   1의 쥐포를 넣어 볶듯이 골고루 버무린 다음 참깨를 뿌린다.

돼지고기 속에 맛있는 된장 양념을 쏙쏙 배인 맛!

된장제육구이와 고추달걀찜 한상

{
된장제육구이 & 깻잎채
고추달걀찜
양파초절임
미역줄기참치볶음
}

도톰하게 썬 돼지고기를 고추장 양념에 푹 재웠다가 볶아 먹는 제육볶음은
남녀노소 모두가 좋아하는 음식이다. 지금은 일반적으로 고추장 양념의 제육볶음을
먹고 있지만, 사실 제육볶음의 유래는 된장으로 양념한 돼지고기를 꼬치에 꿰어
구워 먹은 맥적에서 유래한다. 이후 맥적은 간장 양념을 해서 굽거나 볶는 방식의
불고기로 변형되었다는 설이 있으며, 1950년대 이후에는 고추장으로 양념한
제육볶음이 등장하면서 많은 인기를 얻었다.
제육볶음이나 불고기처럼 고기에 양념을 해 조리할 때는 고기의 잡냄새를 제거하는
것이 가장 중요하다. 이를 위해 가장 많이 사용하는 것이 생강인데, 생강을 넣는
타이밍이 중요하다. 생강은 조리 시작 후 바로 넣는 것보다 고기를 가열해
어육 단백질이 변성된 후 넣어야 잡냄새 제거 효과를 높일 수 있다.
또 제육볶음이나 불고기에 양념을 할 때 조미료 넣는 순서도 맛을 좌우하는 매우
중요한 요소다. 조미료는 분자량이 큰 것부터 넣어야 식품 내부에 분자량이 작은
조미료까지 맛이 충분히 스며들 수 있기 때문이다. 예를 들어 소금과 설탕을 함께
사용하는 요리라면, 분자량이 큰 설탕을 넣은 후 소금을 넣어야 한다.
소금은 분자량이 작고 침투 속도가 빨라 식품에 들어갔을 때 수분이 빠져나오면서
조직이 수축된다. 따라서 이후에 설탕을 넣을 경우 분자량이 큰 설탕은 제대로
스며들기 어렵다. 따라서 단맛과 짠맛이 균형 있게 어우러지도록 하려면 설탕, 소금
순으로 사용하는 것이 좋다. 일반적으로 양념을 넣는 순서는
설탕 – 소금 – 식초 – 간장 – 된장이며 향이 날아가는 참기름 등은 맨 마지막에 넣는다.

된장제육구이 & 깻잎채

단체급식용 / 10인분

재료
돼지 앞다릿살(불고기용) 141.67g, 양파 23.33g, 당근 6.6g,
생강즙 1.67g, 참기름 1g, 깻잎 5g
양념 : 쌀올리고당 13.33g, 된장 9.17g, 양조간장 5g,
다진 마늘 2.67g, 청주 1.67g, 후춧가루 0.5g

가정용 / 4인분

재료
돼지 앞다릿살(불고기용) 600g, 양파 1/2개, 당근 1/3개,
생강즙 2큰술, 참기름 1큰술, 깻잎 8장
양념 : 쌀올리고당 3큰술, 된장 3큰술, 양조간장 1큰술,
다진 마늘 2큰술, 청주 5큰술, 후춧가루 1/2작은술

1 돼지고기는 양념에 버무려 15분 정도 재운다.
2 당근은 반달 모양으로 어슷하게 썰고, 양파는 채 썬다.
   깻잎은 돌돌 말아서 0.5cm 두께로 채 썬다.
3 1의 돼지고기에 당근, 양파, 참기름을 넣고 버무려
   오븐용 코팅팬에 담는다.
4 170℃로 예열한 오븐에 3을 넣고 건열모드로 15분간
   조리한다.
5 4를 오븐에서 꺼낸 후 고기를 뒤집어가며 생강즙을 뿌리고
   다시 170℃로 예열한 오븐에 넣어 건열모드로 10분간
   조리한다.
6 5에 채 썬 깻잎을 올린다.

고추달걀찜

단체급식용 / 1인량

재료

달걀 40g, 물 32g, 풋고추 0.4g, 청양고추 0.4g, 대파 2g,
새우젓 1.6g, 고춧가루 1g, 참기름 3.3g, 참깨 1.66g, 소금 0.3g

가정용 / 4인분

재료

달걀 4개, 물 1컵, 풋고추 1개, 청양고추 1개, 대파(5cm) 1개,
새우젓 1작은술, 고춧가루 1큰술, 참기름 3큰술, 참깨 1큰술,
소금 1/2작은술

1 대파, 풋고추, 청양고추는 0.2cm 두께로 둥글게 모양을
   살려 썬다. 새우젓은 으깬다.
2 달걀은 볼에 담아 잘 저어준 후 고운 망에 넣고 거른다.
3 2의 달걀에 물과 대파, 풋고추, 청양고추, 새우젓, 소금,
   참기름, 고춧가루, 참깨를 넣고 골고루 섞는다.
4 3을 오븐 일반팬에 2/3정도 붓고 덮개를 덮어 90℃로
   예열한 오븐에서 스팀모드로 40분간 익힌다.

Cooking Tip

초절임물은 끓인 다음 식히지 않고
바로 야채에 부어야 한결 아삭한
식감을 낼 수 있어요.

양파초절임

단체급식용 / 10인량

재료

양파 16.67g, 초록 파프리카 1g, 빨강 파프리카 0.67g,
통마늘 1.67g, 레몬 0.83g, 다시마 0.5g, 설탕 1.67g, 소금 0.16g
초절임물 : 물 12.4g, 양조간장 8.33g, 매실액 6.67g,
2배 사과식초 3.33g

가정용 / 4인분

재료

양파 3개, 초록 파프리카 1개, 빨강 파프리카 1개, 통마늘 6쪽,
레몬 1/2개, 다시마(5×5cm) 1장, 설탕 2큰술, 소금 1작은술
초절임물 : 물 2컵, 양조간장 1½컵, 매실액 1컵,
2배 사과식초 1/2컵

1 양파, 초록 파프리카, 빨강 파프리카는 사방 2.5cm
   크기로 썬다.

2 레몬은 길게 4등분한다.

3 냄비에 분량의 초절임물과 통마늘, 설탕, 다시마, 레몬,
   소금을 넣고 끓인다.

4 양파초절임을 담을 용기는 열탕소독한 뒤 물기를 제거한다.
   4의 용기에 양파와 파프리카를 넣고 3을 부은 후

5 뚜껑을 닫는다. 양파초절임은 실온에서 반나절 정도
   절인 후 냉장고에서 하루 더 절인다.

미역줄기참치볶음

재료

미역줄기 26.67g, 통조림 참치 4.67g, 홍고추 0.17g,
양조간장 0.33g, 청주 0.33g, 설탕 0.17g, 생강즙 0.17g,
참기름 0.13g, 식용유 0.33g

재료

미역줄기 400g, 통조림 참치 100g, 홍고추 1/2개,
양조간장 2큰술, 청주 2큰술, 설탕 2작은술, 생강즙 2작은술,
참기름 2작은술, 식용유 2큰술

1 참치는 체에 밭쳐 기름기를 뺀 후 먹기 좋게 부순다.
2 미역줄기는 찬물에 담가 소금기를 뺀 후 맑은 물에
   여러 번 헹궈 물기를 제거한다.
3 미역줄기는 5cm 길이로 썰고, 홍고추는 어슷하게 썬다.
4 팬에 식용유를 두르고 미역줄기를 넣고 볶다가
   1의 참치와 생강즙을 넣고 한 번 더 볶는다.
5 4에 양조간장, 청주, 설탕을 넣고 중약 불에서 볶은 후
   마지막으로 홍고추, 참깨, 참기름을 넣는다.

Cooking Tip

미역줄기는 넓은 팬에서
단시간에 볶아야 줄기의 씹는 맛을
느낄 수 있어요. 오래 볶으면
흐물거리고 미끌거려요.

자극적인 신맛을 부드럽게 만들어 입맛 돋우는
셀러리건새우초무침과 닭개장 한상

{ 닭개장
　콩국채소전
　생강향고등어데리야키
　셀러리건새우초무침

매일 밥상에 빠지지 않고 등장하는 김치가 물릴 때
식초를 넣고 새콤달콤하게 무친 초무침은 김치를 대신하기에
제격이다. 다만 식초의 신맛을 좋아하지 않는 사람이 의외로
많기 때문에 식초를 주 양념으로 사용할 때는 식초의
자극적인 신맛을 보다 부드럽게 중화시키는 노하우가 필수다.
특히 초무침과 같은 무침 요리 경우에는 술이나 맛술을 한 번
끓여서 알코올을 날린 후 요리에 넣으면 식초의 강한 맛을
잡아주어 신맛을 좋아하지 않는 사람도 거리낌 없이 즐길 수
있는 부드러운 초무침을 완성할 수 있다.
술이나 맛술이 식초의 강한 신맛을 중화한다면, 식초는 다른
맛을 억제하는 역할을 한다. 특히 짜게 요리된 조림에
식초를 넣으면 식초가 음식의 짠맛을 순화시키고 보다
부드러운 맛을 내는 효과가 있다.
이 외에도 식초는 다양한 용도로 사용된다. 우선 생선 요리 시
식초를 뿌려 손질하면 생선의 비린내를 제거할 수 있을 뿐만
아니라, 잔뼈가 많은 생선을 조릴 때 식초를 넣으면
생선의 뼈와 살을 부드럽게 만들어주는 역할을 한다.
또 고기를 뼈째 조릴 때 식초를 조금 넣으면
뼈가 잘 발라진다.

닭개장

단체급식용 / 10인량

재료

통닭 33.33g, 숙주나물 23.33g, 삶은 고사리 6.67g,
양파 6.67g, 대파 1.33g

양념 : 고추기름 5g, 국간장 1.33g, 고춧가루 2.5g,
다진 마늘 1.67g, 다진 생강 1g, 소금 1.17g, 후춧가루 0.09g

가정용 / 4인분

재료

통닭 600g, 숙주나물 200g, 삶은 고사리 80g, 양파 1개,
대파(10cm) 2개, 물 8컵

양념 : 고추기름 5큰술, 국간장 2큰술, 고춧가루 2½큰술,
다진 마늘 2큰술, 다진 생강 1큰술, 소금 2작은술,
후춧가루 1/2작은술

1 솥에 물을 붓고 통닭을 넣어 육수가 뽀얗게 우러날 때까지
  끓인 후 닭이 익으면 건져 살만 발라낸다.

2 분량의 재료를 섞어 양념장을 만든다.

3 양파는 채 썰고, 대파는 세로로 반을 가른 후 5cm 길이로
  썬다.

4 살만 발라낸 닭고기에 양파, 대파, 고사리, 숙주나물과
  양념장(전체 중량의 1/2)을 넣고 버무린 후 1의 육수에 넣어
  한소끔 끓인다.

5 4의 채소가 중간 정도 익으면 나머지 양념장을 넣고
  10분간 더 끓인다.

Cooking Tip
고추기름을 만들 때는
기름을 두른 팬을 달군 다음
고춧가루를 넣고 타지 않게
주의하며 끓여요.

콩국채소전

단체급식용 / 10인분

재료

콩비지 25g, 부침가루 10g, 포도씨유 5g, 밀가루 3.33g,
당근 3.33g, 양파 3.33g, 깻잎 1.67g, 풋고추 1g, 홍고추 0.33g,
표고버섯 0.17g, 실파 0.67g, 소금 0.5g, 식용유 약간

가정용 / 4인분

재료

콩비지 2컵, 부침가루 2/3컵, 포도씨유 3큰술, 밀가루 1/3컵,
당근 1/3개, 양파 1/2개, 깻잎 3장, 풋고추 1개, 홍고추 1/2개,
표고버섯 1개, 실파 2줄, 소금 1/2작은술, 식용유 약간

1 당근, 양파, 깻잎, 표고버섯은 얇게 채 썬다.
  풋고추와 홍고추는 씨를 뺀 후 잘게 다지고,
  실파는 2cm 길이로 썬다.

2 볼에 콩비지, 부침가루, 밀가루, 포도씨유, 소금,
  손질한 채소를 모두 넣고 잘 섞어 반죽을
  되직하게 만든다.

3 오븐용 코팅팬에 식용유를 두른 뒤 2의 반죽을 팬의
  1/2 높이까지 담아 180℃로 예열한 오븐에 넣고
  건열모드로 20분간 조리한다.

생강향고등어데리야키

단체급식용 / 10인량

재료

고등어살 60g, 소금 0.17g, 후춧가루 0.1g, 청주 1.33g,
식용유 0.1g, 꽈리고추 2.5g

소스 : 생강 1g, 물엿 2.5g, 설탕 1.67g, 양조간장 2.5g,
청주 2.5g, 감자전분 0.17g

가정용 / 4인분

재료

고등어 2마리, 소금 2작은술, 후춧가루 1/2작은술,
청주 1큰술, 식용유 2큰술, 꽈리고추 7개

소스 : 생강 1톨, 물엿 2큰술, 설탕 4큰술, 양조간장 6큰술,
청주 6큰술, 감자전분 1/2큰술.

1. 고등어살은 씻은 후 청주, 소금, 후춧가루를 뿌려 밑간해
   10분 정도 재운다.
2. 1의 고등어는 식용유를 넣고 버무린 후 오븐용 코팅팬에
   담아 180℃로 예열한 오븐에 18분간 굽는다.
3. 생강은 얇게 편으로 썰어 냄비에 넣고 물엿, 설탕, 청주,
   양조간장을 함께 넣은 뒤 1~2분 정도 설탕이 녹을 때까지
   끓인다.
4. 3에 꽈리고추를 넣고 중간 불에서 국물이 없어질 때까지
   6분 정도 더 끓인 후 물전분을 넣고 되직하게 만든다.
5. 4의 소스를 2의 고등어에 바른 다음 160℃로 예열한
   오븐에 넣고 8분간 굽는다.

Cooking Tip
데리야키 소스를 만들 때는
물엿과 설탕을 넣어
윤기나게 조려주세요.

셀러리건새우초무침

단체급식용 / 10인량

재료

셀러리 5g, 두절건새우 2.5g, 다시마 0.33g, 2배 사과식초 0.4g,
설탕 0.4g, 소금 0.08g, 양조간장 0.25g, 실파 0.17g

가정용 / 4인분

재료

셀러리 2줄기, 두절건새우 50g, 다시마(5×5cm) 1장,
2배 사과식초 1큰술, 설탕 1큰술, 소금 1/4작은술,
양조간장 1/2큰술, 실파 1줄

Cooking Tip

두절건새우는 다시마 국물에
살짝 데쳐서 감칠맛을 더하고
식감은 부드럽게 만들어요.

1 셀러리는 잎을 떼고, 줄기 끝을 잡아당겨 겉면의 질긴
   섬유질을 벗겨낸 뒤 2~3mm 두께로 어슷하게 썬다.
2 끓는 물에 다시마를 넣고 국물을 낸다. 여기에
   두절건새우를 넣고 살짝 데친 후 건져 물기를 뺀다.
3 셀러리는 끓는 물에 살짝 데친 후 건져 찬물에 헹군 다음
   물기를 뺀다.
4 식초, 설탕, 소금, 간장을 잘 섞어 소스를 만든다.
5 두절건새우와 셀러리 위에 송송 썬 실파를
   올린 뒤 4의 소스를 뿌린다.

재료 본래의 색과 식감, 영양까지 그대로 살린

사골우거지국과 연근감자샐러드 한상

{ 사골우거지국
임연수어구이 & 중국풍소스
연근감자샐러드
맛김치볶음

산삼이 산에서 나는 불로초라면, 연근은 물속에서 나는 불로초라고 해도
과언이 아니다. 연근은 항산화 작용을 하는 비타민 C가 많으며, 상처를 낫게 하고
지혈 작용을 해 코피가 자주 나는 사람에게 이롭다. 연근에는 아미노산과 펙틴이
풍부해 혈액순환을 돕고, 신진대사를 좋게 함으로써 면역력을 높이는 데도
효과적이다.

영양적으로 우수한 연근이지만, 갈변이 쉽게 이루어지는 대표 식재료라서
조리했을 때 요리의 색감이 먹음직스럽지 않아 어린이나 청소년의 경우
연근 요리에 대한 기호도가 낮은 편이다. 이는 연근에 무색 색소인 안토잔틴이
함유되어 있는데, 이 성분이 산성에서는 무색을 띠지만 알칼리성과 반응하면
황색으로 변하고, 이를 조리하면 갈색이 되기 때문이다. 물론 연근조림처럼
간장 양념을 넣고 요리할 때는 이런 갈변 현상이 문제가 되지 않는다.
하지만 연근의 흰색을 그대로 내야 하는 메뉴의 경우에는 요리했을 때 자칫
음식이 맛 없게 보일 수 있다. 이럴 때 이를 해결해주는 것이 식초다.
연근을 식촛물에 담가두었다가 조리하거나, 식초를 넣은 물을 끓여 반쯤 데쳐서
조리하면 본래의 색을 유지할 수 있다.
이뿐만 아니라 연근에는 뮤신 성분이 들어 있어 칼로 잘랐을 때 단면에 점성이
있는 실 같은 것이 생기는데 이것은 섭취했을 때 소화를 돕는 역할을 하지만,
연근의 아삭한 식감을 방해하는 요소이기도 하다. 또한 연근을 식촛물에 담그면
뮤신과 함께 아린 맛도 제거되는 효과가 있다.

사골우거지국

단체급식용 / 10인분

재료

소 사골 16.67g, 소 잡뼈 16.67g,
쇠고기 덩어리(아롱사태 또는 양지) 10g, 얼갈이배추 10.97g,
시래기(삶은 것) 10g, 대파 1.33g, 풋고추 0.67g, 홍고추 0.33g,
다진 마늘 0.5g
양념 : 된장 8.33g, 고추장 1.67g, 고춧가루 1.33g,
생강즙 0.5g, 청주 0.5g

가정용 / 4인분

재료

소 사골 500g, 소 잡뼈 500g,
쇠고기 덩어리(아롱사태 또는 양지) 300g, 얼갈이배추 200g,
시래기(삶은 것) 100g, 대파(10cm) 1개, 풋고추 2개, 홍고추 1개,
다진 마늘 1큰술
양념 : 된장 4큰술, 고추장 1½큰술, 고춧가루 1큰술,
생강즙 1/2큰술, 청주 1/2큰술

1 사골, 잡뼈, 쇠고기는 찬물에 담가 핏물을 제거한 후
  냄비에 넣고 물을 부어 은근한 불에서 끓여 육수를 만든다.
2 1의 육수가 우러나면 사골과 잡뼈는 건지고, 쇠고기는
  한 입 크기로 썬다.
3 홍고추와 풋고추는 어슷하게 썰고, 대파는 송송 썬다.
4 얼갈이배추는 끓는 물에 데쳐 3cm 길이로 썰고, 시래기도
  같은 길이로 썬다.
5 2의 쇠고기와 4의 얼갈이배추, 시래기에 양념장을 만들어
  넣고 버무린 후 1의 육수에 넣고 중간 불에서 15분간
  끓인다.
6 5의 재료가 익으면 홍고추, 풋고추, 대파, 다진 마늘을
  넣는다.

Cooking Tip
사골과 잡뼈는 하루 전 찬물에 담가
핏물을 충분히 우려낸 뒤 끓는 물에
한 번 데친 다음 국물을 내면
잡냄새가 없고 맑아요.

임연수어구이 & 중국풍 소스

단체급식용 / 10인량

재료
임연수어 50g, 감자전분 5.88g, 소금 0.88g, 후춧가루 0.06g,
청주 1.18g, 식용유 5.88g, 레몬 3.33g
소스 : 양조간장 2.94g, 물 2.94g, 식초 0.5g, 설탕 0.29g,
실파 0.6g, 홍고추 0.4g, 다진 마늘 0.16g, 생강즙 0.13g

가정용 / 4인분

재료
임연수어 250g, 감자전분 1컵, 소금 1작은술,
후춧가루 1/4작은술, 청주 1큰술, 식용유 4큰술, 레몬 1/2개
소스 : 양조간장 3큰술, 물 2큰술, 식초 1/2큰술,
설탕 1작은술, 실파 1줄, 홍고추 1/2개, 다진 마늘 1작은술,
생강즙 1작은술

Cooking Tip
짠맛이 있는 생선용 소스에
산(식초, 레몬)을 더하면
짠맛을 중화할 수 있어요.

1 임연수어는 소금, 후춧가루, 청주를 뿌려 재운다.
2 실파는 송송 썰고, 홍고추는 굵게 다진다.
3 임연수어에 감자전분을 고루 묻혀 식용유를 바른 오븐용
   코팅팬에 임연수어의 비늘이 위쪽으로 가도록 올린 후
   생선 위에도 기름을 바르고 레몬을 올려준다.
4 3을 180℃로 예열한 오븐에 넣고 15분간 바삭하게 굽는다.
5 분량의 재료를 잘 섞어 중국풍 소스를 만든 후
   냉장고에 넣어 차게 둔다.
6 5의 소스를 임연수어 위에 뿌린다.

Cooking Tip
연근을 식촛물에 담갔다가
요리하면 갈변을 막고
끈끈한 실도 없앨 수 있어요.

연근감자샐러드

단체급식용 / 1인량

재료

감자 50g, 연근 8.33g, 식용유 0.29g, 실파 0.33g, 식초 0.33g

소스 : 마요네즈 10g, 씨겨자 1g, 레몬즙 0.33g,
카레 가루 0.02g, 소금 0.1g

가정용 / 4인분

재료

감자(중간 크기) 2개(200g), 연근 1/4개, 식용유 1큰술,
실파 2줄, 식초 1큰술

소스 : 마요네즈 4큰술, 씨겨자 2작은술,
레몬즙 1작은술(또는 식초 1/2작은술), 카레 가루 1/2작은술,
소금 1/4작은술

1 감자는 껍질을 벗긴 후 사방 1.5cm 크기로 썰어
    오븐용 타공팬에 담고 100℃로 예열한 오븐의
    스팀모드에서 20분간 익힌 다음 한 김 식힌다.

2 연근을 껍질을 벗겨 0.1cm 두께로 얇게 슬라이스 한 후
    식촛물에 10분 정도 담갔다가 건져 물기를 제거한다.

3 2의 연근에 식용유를 발라 오븐용 코팅팬에 담은 후
    180℃로 예열한 오븐에 넣고 건열모드에서 10분간 굽는다.
    또는 팬에 올려 앞뒤로 굽는다.

4 분량의 재료를 섞어 소스를 만든다.

5 1의 삶은 감자에 소스를 넣고 버무린 후 구운 연근과
    송송 썬 실파를 올린다.

들기름김치볶음

재료

배추김치(익은 것) 75g, 양파 5g, 대파 0.5g, 청양고추 0.47g,
들기름 1.67g, 식용유 1.67g, 참깨 0.17g
양념 : 고추장 4.17g, 양조간장 1g, 물엿 2.5g, 설탕 0.83g,
다진 마늘 0.67g, 고춧가루 0.5g

재료

배추김치(익은 것) 400g, 양파 1/4개, 대파(5cm) 1개,
청양고추 1/2개, 들기름 1큰술, 식용유 1큰술, 참깨 1작은술
양념 : 고추장 2큰술, 양조간장 1큰술, 물엿 2큰술, 설탕 1/2큰술,
다진 마늘 1/2큰술, 고춧가루 1/2큰술

1 양파는 채 썰고, 대파와 청양고추는 둥글게 모양을
  살려 썬다.
2 팬에 식용유를 두르고 대파를 넣고 먼저 볶다가 분량의
  양념장 재료를 넣고 볶는다.
3 2에 김치, 양파, 청양고추를 넣고 김치 숨이 죽을 때까지
  약한 불에서 볶는다.
4 김치의 숨이 죽고 수분이 거의 없어지면 들기름과
  참깨를 뿌린다.

Cooking Tip
들기름은 오메가-3를
많이 함유해 뇌 건강에 도움을 주니
많이 활용하세요.

파스타부터 파히타까지 열정적인 멕시칸 스타일로~

투움바파스타와 치킨파히타 한상

{ 누룽지피자
　 투움바파스타
　 치킨파히타
　 적채양배추피클

파스타는 밀가루와 달걀을 반죽해 만든 면이다. 우리나라
사람들에게 밥이 주식이라면, 이탈리아인에게는 파스타가
이탈리아의 역사를 관통하는 매우 중요한 음식이다.
우리에게는 길고 가는 국수 모양의 스파게티가 가장
익숙하지만 파스타의 종류는 스파게티 외에도 칼국수처럼
넓적한 파스타, 길이가 짧은 숏파스타, 나비 모양의 파스타
등 그 종류가 무궁무진하다. 소스 또한 토마토를 비롯해
크림, 오일 등 수십 가지에 이른다. 이처럼 파스타의 종류가
다양하다 보니 이탈리아에는 파스타 모양을 어떻게 만들어야
씹을 때 감촉이 좋고, 소스가 잘 묻어나는지 등 파스타를 연구하는
'파스타 디자이너'도 있다.
우리나라도 최근 들어 가정에서도 파스타를 만들어 먹는 사람이 늘면서
파스타를 맛있게 만드는 법에 대한 관심도 높아졌다.
맛있는 파스타 조리에는 과학의 도움이 필요하다. 우선 파스타를 삶을 때는 기름을 한두 방울
정도 넣어주는 것이 좋은데, 이는 면이 붙는 것과 면을 삶을 때 거품이 발생하는 것을
막아준다. 기름이 소포제 역할을 해주기 때문이다. 또 투움바파스타처럼 루를 만들어 파스타
소스로 사용할 경우 자칫 소스가 덩어리질 수 있는데, 이때는 밀가루와 버터를 저온에서 오래
볶거나 소량의 설탕을 넣어 조리함으로써 밀가루 입자를 분리해야 덩어리지는 현상을 막을 수
있다. 다만, 이때 설탕을 많이 넣을 경우는 오히려 소스가 너무 묽어질 수 있으니 주의하자.

누룽지피자

단체급식용 / 10인분

재료

프랑크소시지 25g, 양파 18.07g, 피망 10g,
통조림 옥수수 10g, 양송이버섯 6.02g, 다진 마늘 3.01g,
모차렐라 치즈 25g, 버터 1.36g

누룽지 : 쌀(백미) 45.18g, 달걀 30.12g, 버터 7.5g, 소금 0.9g

소스 : 토마토케첩 15g, 토마토페이스트 10g, 고추장 5g,
양조간장 4.16g, 설탕 3.3g

가정용 / 4인분

재료

프랑크소시지 2개, 양파 1/2개, 피망 1/2개,
통조림 옥수수 2큰술, 양송이버섯 4개, 다진 마늘 1큰술,
모차렐라 치즈 2컵, 버터 1큰술

누룽지 : 밥 2공기, 달걀 2개, 버터 2큰술, 소금 1작은술

소스 : 토마토케첩 1/2컵, 토마토페이스트 2큰술,
고추장 1/2큰술, 양조간장 1큰술, 설탕 2큰술

Cooking Tip

밥에 계란물을 혼합하면
오븐이나 프라이팬에 밥을 구울 때
밥이 흐트러지지 않아요.

1. 밥은 고슬고슬하게 지어 한 김 식힌 후 달걀과 소금을
넣고 골고루 섞는다.

2. 오븐용 코팅팬에 중탕한 버터를 두른 후 1의 밥을
1cm 두께로 평평하게 펴고 180℃로 예열한
오븐에서 건열모드로 20분간 조리해 누룽지를
만든다.

3. 양송이버섯은 0.3cm 두께로 모양을 살려 썰고,
양파와 피망은 사방 1.5cm 크기로 썬다. 소시지는
0.2cm 두께로 썰고, 옥수수는 체에 밭쳐 국물을
뺀다.

4. 팬에 버터를 두르고 다진 마늘을 넣어 볶다가
마늘이 노릇해지면 3의 재료를 넣고 볶은 뒤
분량의 소스 재료를 넣고 한소끔 끓인다.

5. 2의 누룽지 위에 모차렐라 치즈를 약간 뿌린 후
4의 소스를 바르고 다시 그 위에 모차렐라 치즈를
도톰하게 올린다.

6. 170℃로 예열한 오븐에 5를 넣고 건열모드로
16분간 조리한다.

투움바파스타

단체급식용 / 10인량

재료

스파게티면 83.33g, 소금 1g, 식용유 1.6g, 올리브유 4.17g,
우유 79g, 생크림 14.1g, 버터 7.5g, 밀가루 3.5g,
양송이버섯 5.22g, 양파 9.14g, 통마늘 2.61g, 실파 1.31g,
브로콜리 5.22g, 양조간장 6.6g, 흰다리새우 30g,
고춧가루 2.5g, 소금 1.31g, 후춧가루 0.06g, 청주 1.18g

가정용 / 4인분

재료

스파게티면 320g, 소금 1작은술, 식용유 2큰술,
올리브유 2큰술, 우유 150ml, 생크림 100ml, 버터 1큰술,
밀가루 1큰술, 양송이버섯 6개, 양파 1/2개, 통마늘 5쪽,
실파 3줄, 브로콜리 1/2개, 양조간장 2작은술,
흰다리새우 8마리, 고춧가루 1큰술, 소금 1/2작은술,
후춧가루 1/4작은술, 청주 1/2큰술

1 냄비에 물, 식용유, 소금을 넣고 끓으면 스파게티 면을 넣고
9분간 삶은 후 물기를 빼서 올리브유에 버무린다.

2 양송이버섯은 모양을 살려 0.5cm 두께로 썰고, 마늘은 0.3cm
두께로 편으로 썬다. 양파는 굵게 다지고, 실파는 송송 썬다.
브로콜리는 작은 송이로 잘라 끓는 소금물에 30초간 데친 후
찬물에 헹구고 체에 밭쳐 물기를 뺀다.

3 흰다리새우는 깨끗이 씻어 물기를 제거하고 고춧가루, 소금,
후춧가루, 청주를 넣어 재운다.

4 볶음 팬에 버터를 두르고 마늘을 넣고 중간 불에서 볶다가
마늘이 노릇해지면 3의 새우와 양송이버섯, 양파를 넣고
볶는다.

5 팬에 버터를 두르고 버터가 녹으면 체에 내린 밀가루를 넣고
볶아 화이트 루를 만든 후 우유, 생크림, 실파를 넣고 끓여
걸쭉해지면 4를 넣어 한소끔 끓어오르면 불을 끈다.

6 5의 소스에 스파게티 면을 넣고 골고루 섞은 뒤 약한 불에서
면에 소스가 배일 정도로 3분 정도 익힌다. 단체급식에서는
면과 소스를 따로 배식한다.

치킨파히타

단체급식용 / 10인분

재료

토르티야 20.89g, 닭가슴살 52.22g, 양파 20.89g, 피망 13.05g,
토마토 19.58g, 칠리소스 8.36g, 사워크림 7.83g,
토마토페이스트 5.88g, 양조간장 5g, 고추기름 2.5g, 설탕 0.43g,
다진 마늘 0.52g, 청주 1.33g, 소금 0.26g, 후춧가루 0.08g,
식용유 약간

가정용 / 4인분

재료

토르티야(6인치) 10장, 닭가슴살 500g, 양파 1개, 피망 1개,
토마토 1개, 칠리소스 5큰술, 사워크림 5큰술,
토마토페이스트 1큰술, 양조간장 2큰술, 고추기름 1큰술,
설탕 1작은술, 다진 마늘 1/2큰술, 청주 2큰술, 소금 1/2작은술,
후춧가루 1/4작은술, 식용유 약간

1 냄비에 물, 청주, 소금을 넣고 물이 끓으면 닭가슴살을 넣고
   데친 후 고깃결 방향으로 0.5cm 두께로 길게 썬다.

2 양조간장, 설탕, 고추기름, 다진 마늘을 잘 섞어 1의 닭가슴살에
   넣고 골고루 버무린다.

3 2를 오븐용 코팅팬에 담아 160℃로 예열한 오븐에 넣고
   건열모드에서 8분간 익힌다.

4 피망은 반을 갈라 씨를 제거한 뒤 0.3cm 두께로 채 썰고,
   양파도 같은 크기로 채 썬다. 토마토는 반으로 자른 뒤
   0.5cm 두께로 썬다.

5 달군 팬에 식용유를 두르고 피망과 양파를 넣고,
   소금과 후춧가루로 간하면서 볶는다.

6 토르티야는 100℃로 예열한 오븐에
   넣고 건열모드로 3분간 굽거나,
   기름을 두르지 않은 팬에서
   앞뒤로 굽는다.

7 토마토페이스트와 칠리소스를
   잘 섞어 소스를 만든다.

8 토르티야, 닭가슴살, 토마토,
   볶은 피망과 양파, 소스,
   사워크림을 따로 제공해
   싸먹도록 한다.

Cooking Tip

채소는 채 썬 다음
각각 따로 볶아 준비해야 파히타의
제맛을 즐길 수 있어요.

적채양배추피클

재료

무 25g, 양배추 10.42g, 적양배추 6.25g, 청양고추 0.21g,
설탕 16.67g, 2배 사과식초 8.37g, 소금 0.16g, 물 16.67g

재료

무 200g, 양배추 300g, 적양배추 50g, 청양고추 2개, 설탕 1컵,
2배 사과식초 1/2컵, 소금 1큰술, 물 1컵

1 냄비에 물, 설탕, 식초, 소금을 넣고 끓인다.
2 무, 양배추, 적양배추는 가로세로 3cm 크기로 썬다.
   청양고추는 어슷하게 썬다.
3 1이 끓으면 무를 넣고 한소끔 끓인나.
4 불을 끄고 양배추, 적양배추, 청양고추를 넣은 뒤 용기에
   담아 냉장고에 넣고 24시간 정도 절인다.

Cooking Tip

단촛물에 모든 재료를 넣고
함께 끓여 식히면 만든 당일에
바로 피클을 먹을 수 있어요.

영양 듬뿍 오징어를 활용한 일품요리

얼갈이콩나물된장국과
매콤오징어덮밥 한상

{
얼갈이콩나물된장국
매콤오징어덮밥
날치알달걀찜
호박고구마맛탕

대체로 기호도가 낮은 수산물 중 그래도 인기가 높은 것이 쫄깃쫄깃한 식감의 오징어다.
오징어는 오징어볶음, 오징어찌개 등의 요리로 활용도가 높을 뿐만 아니라 바짝 말린
오징어는 입이 심심할 때 간식으로 제격이다.
오징어의 단백질 함유량은 일반 생선에 들어 있는 것과 비슷하기 때문에, 생선을
좋아하지 않는 사람이라면 오징어를 통해 비슷한 양의 단백질을 섭취할 수 있다.
오징어는 지방이 적고 열량이 낮기 때문에 식단 조절이 필요한 사람에게도 좋은 단백질
공급원이다. 다만 이때는 지방이 들어 있는 오징어 껍질을 제거하고 먹는 것이 좋다.
또 오징어에는 타우린이 다른 어패류보다 2~3배, 소고기의 16배, 우유의 47배 정도
들어 있어 피로 해소에 특히 효과적이다.
요리를 할 때 오징어에 양념이 더 잘 배도록 하기 위해서 배를 가른 오징어에 칼집을
넣는데, 이때 칼집은 오징어의 안쪽에 넣어야 한다. 오징어는 가열하면 내장이 붙어
있는 안쪽이 바깥쪽으로 나오면서 세로 방향으로 둥글게 말리는 경향이 있다.
따라서 오징어 안쪽에 미리 칼집을 넣어 요리하면 보기 좋고 맛도 좋은
오징어 요리를 완성할 수 있다.
매콤한 오징어덮밥과 함께 곁들이면 좋은 메뉴로는 부드러운 두부를 넣은 된장국을
추천한다. 두부는 다른 요리보다 국에 넣었을 때 특히 더 부드러운데, 이는 가열을 통한
두부 속 칼슘이온의 결합을 국물에 들어 있는 소금의 나트륨 이온이 방해함으로써
두부가 단단해지지 않도록 막기 때문이다.

Cooking Tip
맑은 된장국을 만들려면
일반 된장국보다
된장을 적게 넣어요.

얼갈이콩나물된장국

단체급식용 / 10인량

재료

얼갈이배추 18.8g, 콩나물 10g, 두부 10g, 된장 5g,
국멸치 1.67g, 다시마 1.67g, 다진 마늘 1.67g, 대파 1.17g,
풋고추 0.83g, 청양고추 0.47g

가정용 / 4인분

재료

얼갈이배추 300g, 콩나물 200g, 두부 1/4모, 물 8컵,
된장 2½큰술, 국멸치 10마리, 다시마(5×5cm) 2장,
다진 마늘 1큰술, 대파(5cm) 1개, 풋고추 1개, 청양고추 1개

1. 냄비에 물을 붓고 국멸치와 다시마를 넣고 끓여
   국물을 우려낸다.

2. 얼갈이배추는 끓는 물에 데친 후 3cm 길이로 썰어
   된장을 넣고 버무린다.

3. 1의 국물에 된장으로 버무린 얼갈이배추와
   콩나물을 넣고 뚜껑을 덮어 15분간 끓인다.

4. 두부는 가로세로 2cm 크기로 썰고 대파, 청양고추,
   풋고추는 어슷하게 썬다.

5. 3의 콩나물이 익으면 두부, 대파, 청양고추, 풋고추,
   다진 마늘을 넣고 10분간 더 끓인다.

매콤오징어덮밥

재료

쌀(백미) 61.67g, 찹쌀 8.33g, 보리 3.33g, 오징어 80.17g,
주키니호박 17.78g, 양파 15g, 양배추 11.67g, 당근 8.33g,
풋고추 2.5g, 다진 마늘 1.67g, 식용유 0.83g

양념 : 고추장 8.33g, 고춧가루 1.67g, 물엿 3.33g, 설탕 1.18g,
참기름 1.66g, 참깨 0.59g, 고추기름 5.85g

Cooking Tip

오징어 안쪽에 사선으로 칼집을
넣은 후 오징어의 가로 방향으로
길게 썰어주세요.

가정용 / 4인분

재료

밥 4공기, 오징어 2마리, 주키니호박 1/3개, 양파 1/2개,
양배추 4장, 당근 1/3개, 풋고추 2개, 다진 마늘 1½큰술,
식용유 1큰술

양념 : 고추장 4큰술, 고춧가루 2큰술, 물엿 1큰술,
설탕 1큰술, 참기름 2큰술, 참깨 1큰술, 고추기름 3큰술

1 쌀은 씻어 밥을 짓는다.

2 배를 가른 오징어는 안쪽에 0.5cm 간격의 사선이
교차하도록 칼집을 낸 뒤 1.5cm 두께로 썰어 끓는 물에
살짝 데친다.

3 당근은 0.3cm 폭의 부채꼴 모양으로 썰고,
주키니호박은 0.3cm 두께로 반달 모양으로 썬다.
양배추는 1cm 두께로 채 썰고, 양파도 채 썬다.
풋고추는 어슷하게 썬다.

4 팬에 식용유를 두른 뒤 다진 마늘을 넣고
갈색이 날 때까지 볶다가 당근, 양배추, 양파,
주키니호박, 풋고추 순으로 넣고 수분이
생기지 않도록 빠르게 저으며 볶는다.

5 4의 채소가 아삭하게 반쯤 익으면 분량의
양념장 재료와 데친 오징어를 넣고 볶는다.

6 밥 위에 오징어볶음을 올려서 낸다.

날치알달걀찜

단체급식용 / 1인분

재료

달걀 63.33g, 물 50.66g, 날치알 9g, 양파 5g, 실파 0.5g,
새우젓 1.33g, 소금 0.33g

가정용 / 4인분

재료

달걀 4개, 물 1컵, 날치알 1큰술, 양파 1/4개, 실파 1줄,
새우젓 1작은술, 소금 1/2작은술

1 양파는 가로세로 0.5cm 크기로 다지고,
   실파는 송송 썬다.

2 달걀은 잘 풀어 고운 망에 한 번 거른다.

3 2의 달걀에 물, 양파, 실파, 날치알, 새우젓, 소금을
   넣고 젓는다.

4 3을 오븐용 일반팬에 팬 높이의 2/3 정도 붓고
   덮개를 덮은 후 90℃로 예열한 오븐에서
   스팀모드로 40분간 조리한다.

Cooking Tip

달걀찜 조리 시에
물 대신 다시마 우린 물을
사용하면 훨씬 더 깊은 맛을
낼 수 있어요.

호박고구마맛탕

재료

호박고구마 75g, 꿀 5g, 쌀올리고당 2.5g, 검정깨 0.1g,
식용유 6.67g

재료

호박고구마 3~4개, 꿀 4큰술, 쌀올리고당 2큰술,
검정깨 1/2큰술, 식용유 4큰술

1 고구마는 깨끗이 씻어 물기를 제거한 뒤 1cm 두께로 썬다.
2 고구마에 식용유를 넣고 골고루 버무린 후 오븐용
　코팅팬에 담아 200℃로 예열한 오븐에서 건열모드로
　15분간 굽는다.
3 구워진 고구마는 오븐에서 꺼내 한 김 식힌 후
　꿀과 올리고당을 잘 섞어 고구마에 넣고
　살짝 버무린 다음 검정깨를 뿌린다.

Cooking Tip

고구마를 튀기는 대신
식용유에 버무려
오븐에 구워주세요.

고소하고 부드럽게 영양 균형을 맞춘

치즈달걀말이와 유자소스생선구이 한상

{ 오모가리김치찌개
치즈달걀말이
유자소스생선구이
참나물무생채

달걀은 대표적 고단백 식품이다. 달걀에는 두뇌 신경
전달 물질인 콜린이 함유되어 있어 기억력 증진과 두뇌 활동에
도움을 주기 때문에 특히 성장기 어린이와 청소년이 필수적으로
섭취해야 한다. 또 달걀 100g에는 125mg의 트립토판 성분이 들어 있는데,
트립토판은 숙면에 도움을 주어 컨디션 회복에 효과적이다.
따라서 시험을 앞두고 컨디션 조절이 중요한 수험생도 부담없이
섭취하기 좋은 식품이다. 이처럼 달걀은 완전식품이라고
불릴 정도로 많은 영양 성분을 함유하고 있지만,
상대적으로 칼슘 함유량은 낮은 편이다.
따라서 달걀 요리를 할 때 칼슘 함유량이 높은 치즈를
사용하면 영양학적으로 균형을 맞출 수 있기 때문에
치즈달걀말이는 완성도 높은 식단을 만들어준다.
특히 부드러운 식감의 달걀말이를 원한다면 달걀말이
조리 시 설탕을 사용해보자. 달걀의 단백질이 가열 시
설탕과 결합해 응고가 지연되기 때문에 더욱 부드러운
달걀말이를 완성할 수 있다. 이와 함께 곁들일 생선구이에는
상큼한 유자소스를 곁들여보자. 주로 소금 간을 하는 생선 요리의 경우
레몬, 유자 등의 시트러스 계열의 신맛이 생선의 짠맛을 억제해주기 때문에
맛의 조화를 이룰 수 있다.

오모가리김치찌개

단체급식용 / 10인량

재료

배추김치(익은 것) 50g, 돼지 목살(국거리용) 30g, 두부 15g,
양파 6.67g, 고추장 1.66g, 고춧가루 1.33g, 들기름 2.5g,
다진 마늘 1g, 소금 0.67g, 홍고추 0.5g, 풋고추 1g, 대파 1g,
국멸치 1.67g, 다시마 1.67g

가정용 / 4인분

재료

배추김치(익은 것) 3컵(400g), 돼지 목살(국거리용) 150g,
두부 1/4모, 양파 1/2개, 고추장 2큰술, 고춧가루 1½큰술,
들기름 2½큰술, 다진 마늘 1큰술, 소금 1작은술, 홍고추 1개,
풋고추 2개, 대파(흰 부분, 5cm) 1개, 국멸치 10마리,
다시마(5×5cm) 2장, 물 7컵

1 냄비에 물을 붓고 국멸치, 다시마를 넣고 국물을 우려낸다.
2 두부는 가로세로 1.5cm 크기로 썰고, 양파는 채 썬다.
  홍고추, 풋고추, 대파는 어슷하게 썬다.
3 돼지고기에 다진 마늘, 고추장, 고춧가루, 소금을 넣고
  골고루 버무린다.
4 중간 불에서 달군 팬에 들기름을 두르고 3의 돼지고기를
  넣고 중약 불에서 1분간 볶는다.
5 4의 고기에 김치와 양파를 넣고 김치의 숨이 죽을 때까지
  볶은 후 1의 국물을 넣고 30분간 끓인다.
6 5가 끓어오르면 두부, 고추, 대파를 넣고 1분 정도
  더 끓인 후 불을 끈다.

Cooking Tip
김치의 숨이 죽을 때까지
볶은 후 육수를 부어 끓여야
김치의 식감이 부드러워요.

치즈달걀말이

단체급식용 / 10인량

재료

달걀 60g, 체더치즈 6.6g, 양파 6.67g, 실파 5g, 피망 1.67g,
빨간 피망 0.83g, 우유 3.33g, 부침가루 0.83g, 새우젓 0.83g,
설탕 0.5g, 소금 1g, 참기름 0.33g, 참깨 0.33g, 식용유 8.33g

가정용 / 4인분

재료

달걀 5개, 체더치즈 4장, 양파 1/4개, 실파 3줄, 피망 1/4개,
빨간 피망 1/4개, 우유 3큰술, 부침가루 1큰술, 새우젓 1작은술,
설탕 1작은술, 소금 2작은술, 참기름 1큰술, 참깨 2작은술,
식용유 5큰술

1 양파와 피망은 가로세로 0.5cm 크기로 썰고,
   실파는 송송 썬다.
2 달걀, 우유, 부침가루를 섞어 부침가루가 덩어리지지
   않도록 거품기로 잘 젓는다.
3 2에 양파, 피망, 실파, 새우젓, 소금, 참기름, 참깨를 넣고
   골고루 섞이도록 젓는다.
4 부침팬에 식용유를 두르고 3을 조금씩 얇게 부어준다.
   윗면이 익기 전에 체더치즈를 올려 돌돌 말다가 말린
   쪽으로 밀어놓고 다시 얇게 달걀물을 부어 말아주기를
   반복한다.

Cooking Tip

배를 가르고 뼈를 바른 생선살에
소금이나 식촛물을 뿌리면
살이 단단해져 부서지는 것을
막을 수 있어요.

유자소스생선구이

단체급식용 / 10인분

재료

삼치 60g, 감자전분 6.67g, 유자청 5g, 물엿 1.67g, 청주 1.33g,
다진 마늘 0.5g, 생강즙 0.67g, 소금 0.67g, 식용유 0.62g

가정용 / 4인분

재료

삼치 1마리(500g), 감자전분 1컵, 유자청 2큰술, 물엿 1큰술,
청주 2큰술, 다진 마늘 1/2큰술, 생강즙 1/2큰술, 소금 1작은술,
식용유 4큰술

1. 삼치는 깨끗하게 씻고 채반에 밭쳐 물기를 뺀다.
2. 삼치에 청주, 다진 마늘, 생강즙, 소금을 넣고 15분 정도
   재운다.
3. 삼치에 감자전분을 앞뒤로 묻힌다.
4. 오븐용 코팅팬에 식용유를 바른 후 생선 껍질이 위쪽을
   향하도록 올리고 위쪽에도 기름을 한 번 더 바른 다음
   180℃로 예열한 오븐에서 건열모드로 15분간 굽는다.
5. 유자청과 물엿은 잘 섞어 유자소스를 만든다.
6. 4의 삼치에 유자소스를 바른 후 160℃로 예열한 오븐에
   넣고 8분간 굽는다.

참나물무생채

단체급식용 / 10인분

재료

참나물 2.6g, 무 19.58g, 실파 0.65g, 다진 마늘 0.25g,
고춧가루 0.39g, 식초 0.26g, 설탕 0.13g, 참깨 0.14g, 소금 0.26g

가정용 / 4인분

재료

참나물 100g, 무(지름 10cm, 두께 2cm) 1/2개, 실파 2줄,
다진 마늘 1/2큰술, 고춧가루 2큰술, 식초 2큰술, 설탕 1큰술,
참깨 2작은술, 소금 1작은술

Cooking Tip

생으로 먹는 채소는 조리하기 전
소독해주세요. 무가 떫을 때는
무채에 식초를 뿌려 떫은 맛을
제거할 수 있어요.

1 참나물은 찬물에 헹군 뒤 물기를 털어내고, 질긴 줄기
   부분은 자른 후 5cm 길이로 썬다.

2 실파는 송송 썬다.

3 무는 0.2cm 두께로 채 썬 후 소금에 절였다가 찬물에 헹궈
   물기를 뺀다.

4 볼에 고춧가루, 다진 마늘, 설탕, 식초, 참깨를 넣고
   설탕이 녹을 때까지 잘 섞어 양념을 만든다.

5 먹기 직전에 참나물과 무에 4의 양념을 넣고
   골고루 버무린다.

생선 비린내는 꽉 잡고, 감칠맛은 더하고~

알록달록생선전과
하얀순두부찌개 한상

{
하얀순두부찌개
닭무침콩나물비빔밥
알록달록생선전
수제땅콩쿠키

생선이나 고기 요리 레시피를 자세히 들여다보면 거의 모든 요리에 공통적으로
사용하는 것이 있는데, 바로 맛술 또는 청주다. 알록달록생선전도 마찬가지.
생선과 고기는 자칫 요리를 잘못할 경우 비린내와 특유의 잡냄새가 그대로
남기 때문에 준비 단계에서 가장 먼저 냄새를 잡아주는 것이 무엇보다
중요하다. 청주와 맛술은 모두 공통적으로 적당한 당분을 함유하고 있는데,
이 당분이 생선과 고기 속 아미노산과 결합해 향을 좋게 하는 역할을 한다.
청주와 맛술은 잡냄새를 잡아준다는 공통적 역할을 하지만, 그 성분이나
사용 방법에는 조금 차이가 있다. 우선 청주에는 알코올, 당분, 아미노산,
산류 등의 성분이 고루 함유되어 있다. 맛술은 알코올 성분이 상대적으로 적게
들어 있는 반면 당분과 조미료의 함유량이 높다.
또 청주를 사용할 경우 알코올이 휘발되면서 냄새를 함께 제거하므로 냄새 제거
용도로 사용하고자 한다면 조리 초기 단계에서 넣어 사용하는 것이 좋고,
청주가 지닌 풍미와 향을 살리고 싶다면 조리 마지막 단계에 넣어야 한다.
그러나 요리에 감칠맛을 더하는 맛술은 미리 넣으면 재료를 딱딱하게 만들기
때문에 조리 중간 단계나 마무리 단계에서 넣는 것이 좋다. 단맛이 강한 맛술은
많은 양을 넣으면 음식 맛에 영향을 줄 수 있다. 따라서 청주를 2~3 큰술 정도
넣어야 할 때 맛술을 대신 넣어도 상관없지만, 많은 양을 넣어야 할 때는 청주를
넣는 것이 좋다.

하얀순두부찌개

단체급식용 / 10인양

재료

순두부 43.33g, 다시마 1.6g, 국멸치 1.6g, 백김치 33.33g,
애호박 11.67g, 느타리버섯 5g, 양파 5g, 대파 1g, 홍고추 0.5g,
흰다리새우 4.5g, 조갯살 0.63g, 다진 마늘 1g, 달걀 10g,
새우젓 2.5g, 소금 0.67g

가정용 / 4인분

재료

순두부 300g, 다시마(5×5cm) 2장, 국멸치 10마리,
백김치 1컵(120g), 애호박 1/4개, 느타리버섯 100g, 양파 1/3개,
대파(5cm) 1개, 홍고추 1개, 흰다리새우 6마리, 조갯살 1/2컵,
다진 마늘 1큰술, 달걀 2개, 새우젓 1큰술, 소금 1작은술

1 냄비에 찬물과 다시마를 넣고 물이 끓어오르면 멸치를
   넣어 10분 정도 더 끓인 후 다시마와 국멸치는 버린다.

2 백김치는 3cm 길이로 썰고, 양파는 채 썬다. 느타리버섯은
   길게 찢고, 애호박은 0.3cm 두께로 부채꼴 모양으로 썬다.
   홍고추와 대파는 어슷하게 썬다.

3 1의 국물에 조갯살과 새우를 넣고 끓이다가 새우가 익으면
   2의 채소를 모두 넣고 10분간 끓인다.

4 새우젓과 소금을 넣고 간한 후 국이 끓어오르면 순두부,
   다진 마늘, 풀어 놓은 달걀을 넣는다.

Cooking Tip
국멸치를 볶아서 밑국물 재료로
활용하면 비린내가 없고
육수가 잘 우러나요.

닭무침콩나물비빔밥

단체급식용 / 10인량

재료
쌀(백미) 75g, 찹쌀 8.33g, 닭가슴살 58.33g, 콩나물 41.67g,
베이비채소 5.93g, 양파 3g, 대파 3g, 마늘 1.16g, 통마늘 3g,
편으로 썬 생강 1g
양념 : 고추장 10g, 올리고당 11.67g, 양조간장 8.33g,
고춧가루 4.17g, 후춧가루 0.1g

가정용 / 4인분

재료
밥 4공기, 닭가슴살 300g, 콩나물 200g, 베이비채소 30g,
다진 양파 2큰술, 다진 대파 3큰술, 다진 마늘 2큰술,
통마늘 4쪽, 생강 1/2톨
양념 : 고추장 3큰술, 올리고당 5큰술, 양조간장 4큰술,
고춧가루 4큰술, 후춧가루 1/4작은술

Cooking Tip
익힌 닭가슴살은 결을 따라
가늘게 찢어야 밥과 함께
먹기 좋아요.

1 쌀은 씻어 밥을 짓는다.
2 냄비에 물과 소금을 넣고 물이 끓으면 닭가슴살, 대파,
   통마늘, 편으로 썬 생강을 넣고 약한 불에서 13분 정도
   익힌다. 이때 중간 중간 기름을 제거한다.
3 2의 육수는 체에 걸러 따로 담아두고, 닭가슴살은
   한 김 식힌 후 0.5cm 두께로 가늘게 찢는다.
4 양파, 대파, 마늘은 잘게 다진다.
5 콩나물은 소금을 함께 넣고 끓는 물에 데친다.
6 분량의 양념장 재료에 다진 양파·대파·마늘을 넣고
   2의 육수도 조금 넣어 양념장의 농도를 부드럽게
   흐를 정도로 만든다.
7 밥 위에 닭가슴살, 콩나물, 베이비채소, 양념장을 얹는다.

알록달록생선전

단체급식용 / 10인분

재료

냉동 동태포 50g, 밀가루 8.33g, 달걀 15g, 홍고추 1.33g,
풋고추 1.67g, 청주 3.33g, 소금 0.5g, 후춧가루 0.02g,
식용유 0.03g

가정용 / 4인분

재료

냉동 동태포 300g, 밀가루 1컵, 달걀 2개, 홍고추 1개,
풋고추 1개, 청주 2큰술, 소금 1/2작은술, 후춧가루 1/4작은술,
식용유 4큰술

Cooking Tip

냉동 동태포는 해동 없이
사용해야 오븐 조리한 다음에
수분이 덜 생겨요.

1 냉동 동태포는 따로 해동하지 않고 청주, 소금,
   후춧가루를 뿌려 염지한다.

2 홍고추와 풋고추는 가로세로 0.5cm 크기로 썬다.

3 동태포에 밀가루와 달걀물을 순서대로 입힌 후 오븐용
   코팅팬에 식용유를 두르고 동태포를 올려준다.

4 3의 동태포에 잘게 썬 고추를 올리고 동태포 위에도
   식용유를 한 번 발라서 180℃로 예열한 오븐에서
   건열모드로 12분간 조리한다.

수제땅콩쿠키

재료

밀가루 박력분 12.5g, 버터 6.67g, 땅콩버터 6.67g,
황설탕 8.33g, 달걀 6.67g, 땅콩 가루 1g, 베이킹파우더 0.33g,
바닐라에센스 0.33g

재료

밀가루 박력분 125g, 버터 100g, 땅콩버터 100g, 황설탕 100g,
달걀 1개, 땅콩 가루 2큰술, 베이킹파우더 1/2작은술,
바닐라에센스 1/2작은술

1 박력분과 베이킹파우더를 섞은 후 두 번 체에 친다.
2 버터는 실온에 두어 말랑말랑해지면 볼에 담아 땅콩버터를
  넣고 섞은 뒤 황설탕, 바닐라에센스를 넣고 거품기로
  섞는다.
3 달걀은 고루 풀어 2에 5번에 나누어 넣으며 섞은 다음
  1의 가루와 땅콩 가루를 넣어 반죽을 만든다.
4 3의 반죽은 긴 방망이 모양으로 만들어 냉장고에 넣고
  1시간 이상 휴지한다.
5 휴지한 반죽을 꺼내 먹기 좋은 두께로 썬다.
6 180℃로 예열한 오븐에 넣고 건열모드로 10분간 굽는다.

Cooking Tip

단체급식에서는 많은 양의
쿠키를 하나씩 빚을 여유가 없으니
반죽을 방망이 모양으로
만든 후 썰어요.